Michael Scholz

Eis-Nazis, Flugscheiben und geheime U-Boote

Michael Scholz

Eis-Nazis, Flugscheiben und geheime U-Boote

Die Wahrheit über Neuschwabenland

Alibri

2023

Michael Scholz ist Bibliothekar und betreibt seit 2015 seinen Blog *Onkel Michaels kleine Welt*, wo er über Verschwörungstheorien und andere esoterische Themen aufklärt. Im *Skeptiker*-Magazin der GWUP hat er seine eigene Kolumne.

Alibri Verlag
www.alibri.de
Aschaffenburg
Mitglied in der Assoziation Linker Verlage (aLiVe)

1. Auflage 2023

Umschlaggestaltung: Claus Sterneck
unter Verwendung von Abbildungen aus dem Buch
Druck und Verarbeitung: druk-24h, Białystok

ISBN 978-3-86569-377-8

Inhalt

Vorwort

Antarktika – Kontinent des ewigen Eises. Besiedelt nur von Pinguinen und einigen tapferen Forschern, die den frostigen Tiefen ihre Geheimnisse entreißen wollen. Die Phantasie zahlreicher Schriftsteller von H. P. Lovecraft über Hans Dominik hin zu Patrick O'Brian wurde von dieser beeindruckenden Eiswüste beflügelt. Ein kleiner Teil dieses riesigen Kontinents stellt aber den Heiligen Gral, die Bundeslade, das El Dorado für Verschwörungstheoretiker dar: Neuschwabenland.

Zahlreiche Mythen ranken sich um dieses – im Vergleich zur gesamten Landmasse äußerst kleine – Areal. Von einer riesigen Gebäudeanlage der Nazis unter dem Eis ist da die Rede, ein U-Boot-Hafen soll existieren und in diesem „Neu-Schwabenland" habe Adolf Hitler 1945 Zuflucht gefunden. Außerdem sollen in den Labors dieser Einrichtung dic legendären Reichsflugscheiben entwickelt und gebaut worden sein. Aber was ist dran an all diesen Erzählungen?

Genau dieser Frage soll in diesem Buch nachgegangen werden. Allerdings ist die Wahrheit recht unspektakulär und nüchtern. Wie wurde vorgegangen, um die unglaublich klingenden Erzählungen zu überprüfen? Nun, im Gegensatz zu den schillernden Theorien, die aufgestellt wurden, war das „Debunking", also das Widerlegen, doch eher unglamourös. Das Schlagwort hier lautet nämlich: Quellenstudium.

Sowohl für die Schwabenland-Expedition als auch für die Operationen High-Jump und Tabarin wurden Expeditionsberichte, Forschungsergebnisse und wissenschaftliche

Artikel veröffentlicht, aus denen man detailliert erfährt, was die einzelnen Gruppen damals in der Antarktis getan haben. Oder nehmen wir den Fall der beiden deutschen U-Boote, die sich nach dem Zweiten Weltkrieg nach Argentinien abgesetzt hatten. Die Ermittlungsberichte sind ohne große Probleme verfügbar – man muss sie nur lesen.

Ja, das hört sich banal und teilweise auch langweilig an, aber das sind einfach die Fakten. Und wenn man sich mit der Zusammensetzung der Gesteinsschichten in der Antarktis beschäftigt, ist das nicht so spannend, als wenn man eine Geschichte über Flugscheiben oder geheime Nazi-Stützpunkte liest. Aber das ist die Realität, und die Realität ist eben auch über weite Strecken banal und langweilig. Wir leben halt nicht in einem Action-Blockbuster.

Viele Menschen sehnen sich aber nach solchen Erzählungen, solche Mythen, und in unserer hochtechnisierten Welt geht es nicht mehr um Ritter, Drachen oder Seeungeheuer, sondern um Nazi-U-Boote, Flugscheiben und Aldebaraner. Die vorliegende Publikation soll ein Beitrag zur wissenschaftlich-skeptischen Aufarbeitung der Verschwörungstheorien rund um Neuschwabenland sein. Es soll aufgezeigt werden, welche Mythen hier kursieren, wie sie entstanden sind und wer hinter solchen Erzählungen steckt.

Dabei soll aber niemand vorgeführt, niemand lächerlich gemacht werden. Vielmehr wird erläutert, wie solche Verschwörungstheorien aufgebaut sind und woraus sie entstehen, haben viele doch einen wahren Kern.

Ein Wort zum Aufbau dieser Abhandlung. Sie beginnt mit den harten, historischen Fakten rund um den gesamten Themenkomplex, wobei die Deutsche Antarktische Expedition von 1938/39 den breitesten Raum einnimmt, denn sie bildet ja quasi die Grundlage der Verschwörungstheorien. Ohne die Fahrt der *Schwabenland* in die Antarktis und die Untersuchungen, die durch die begleitenden Wissenschaftler durchgeführt wurden, wäre sicher keine der kolportierten Verschwörungstheorien entstanden.

Danach werden die acht bekanntesten bzw. am weitesten verbreiteten Verschwörungstheorien rund um die Expedition und Neuschwabenland vorgestellt und ausführlich widerlegt. Ergänzt werden die Ausführungen durch einige Exkurse, die eingestreut werden. In diesen Exkursen werden beispielsweise biographische Anmerkungen zu den beteiligten Personen wie Kapitän Ritscher oder Admiral Byrd gemacht. Auch werden Begriffe, die von den Verschwörungsgläubigen benutzt werden, in Exkursen ausführlich erklärt, etwa die „Freie Energie" oder die „Vril-Kraft", mit denen angeblich die Flugscheiben angetrieben wurden.

Damit soll den Leserinnen und Lesern ein umfangreiches Nachschlagewerk zu den Verschwörungstheorien rund um Neuschwabenland an die Hand gegeben werden, das dabei hilft, diese zu widerlegen.

Wegen der Fettlücke in die Antarktis oder: Wie alles begann

Bei der „Fettlücke" handelt es sich durchaus nicht um das Folgekunstwerk zur „Fettecke" von Joseph Beuys, sondern um einen eklatanten Rohstoffmangel im Bereich der Fette und Öle, mit dem das Deutsche Reich zu kämpfen hatte. Gemeinsam mit der „Eiweißlücke" und der „Faserlücke" bildete sie die größte Herausforderung für die Wirtschaft der damaligen Zeit.

Dem Deutschen Reich fehlte es also konkret an Fetten und Ölen, die für harte Devisen aus dem Ausland hinzugekauft werden mussten. Haupthandelspartner war dabei das Königreich Norwegen, dem das Reich Waltran abkaufte, der Grundlage beispielsweise für die Margarineherstellung war. Da man im inneren Kreis der NSDAP spätestens seit Mitte der 1930er Jahre auf einen Krieg hinarbeitete, strebte man an, im wirtschaftlichen Bereich autark zu werden, bestand doch die Gefahr, dass man von den Rohstoffquellen außerhalb des eigenen Territoriums abgeschnitten werden könnte. Dies war auch eines der Hauptziele des „Vierjahresplanes", der im Oktober 1936 von Reichskanzler Hitler erlassen wurde und in dem Reichsmarschall Hermann Göring eine Generalvollmacht erhielt, um sämtliche wirtschaftlichen Maßnahmen zu koordinieren, die der Ausrichtung auf die Kriegswirtschaft dienten. Einer von Görings engsten Mitarbeitern war Ministerialdirektor Helmuth Wohlthat, der besonders auf dem Gebiet des Handels mit Ölen und Fetten große Erfahrung hatte.

Helmuth Wohlthat (1893–1982). Der ranghohe Beamte im preußischen Staatsministerium übernahm Planung und Vorbereitung der Expedition.

Bereits vor dem Erlass des Vierjahresplanes wurde der Aufbau einer eigenen deutschen Walfangflotte forciert, um aus der Abhängigkeit von Norwegen zu kommen. So gründete am 10. Dezember 1935 die Firma Henkel und Cie. dann auch die *Erste Deutsche Walfang-Gesellschaft*, deren erster Walfänger, die *Jan Wellem*, in der Saison 1936/37 unter dem Kommando von Kapitän Otto Kraul erstmalig in See stach. Die *Jan Wellem* hatte als Mutterschiff die Fangboote *Treff I* bis *Treff VIII* dabei, die in der Größenordnung zwischen 330 und 356 Bruttoregistertonnen lagen und jeweils 15 Mann Besatzung hatten.

Bereits Ende 1936 kamen im Auswärtigen Amt Überlegungen auf, wie man den deutschen Walfang durch Reichsbesitzungen auf Antarktika sichern und unterstützen könnte. Diese Überlegungen blieben allerdings diffus und erst nach der Rückkehr der Walfangflotte und Auswertung von deren Aufzeichnungen legte im Mai 1938 Helmuth Wohlthat, der Chef der Reichsstelle für Milcherzeugnisse, Öle und Fette Reichsmarschall Hermann Göring seinen Plan für eine Expedition nach der Antarktis vor. Als Beauftragter für den Vierjahresplan holte er zuerst die Einschätzungen und Meinungen aller für ein solches Unterfangen relevanter Ministerien ein. Nachdem alle wesentlichen Stellen die Idee für positiv befanden, wurde dem Reichsluftfahrtministerium die weitere Vorplanung übergeben. Bereits bei einer der ersten Besprechungen im Luftfahrtministerium wurde Alfred Ritscher durch das Oberkommando der Kriegsmarine als Leiter der Expedition ins Spiel gebracht und kurz darauf auch durch Göring berufen.

Ritscher selbst beschrieb die Berufung in seinem Buch *Wissenschaftliche und fliegerische Ergebnisse der Deutschen Antarktischen Expedition* in – für heutige Leser:innen – recht anheimelnd anmutendem Stil: „Die ersten Sonnenstrahlen des 26. Juli 1938 zuckten eben über den Bergkamm, der das idyllische Siebertal im heimatlichen Harz an seiner Ostseite begrenzt. Längs der Straße auf der Talsohle trotteten die braunen Kühe des Ortes mit dem melodischen Geläute ihrer Halsglocken den vertrauten Weideplätzen zu. Hart an der Straße lag die kleine Pension, in die ich mich für vierzehn Tage aus dem Großstadtgetriebe geflüchtet hatte. Frühaufsteher unter den Sommergästen nahmen eben neben mir am Frühstückstische ihre Plätze ein. Da schrillt Telefongebimmel durch das Haus; ausgerechnet für mich ist der Anruf! Na, wenn schon! 'In Braunlage erwarte mich ein Haufen postlagernder Briefe, einer davon sähe schon äußerlich so respektabel aus, daß er wohl Wichtiges enthalten müsse', wird mir mitgeteilt. Also hinein in das immer bereite DKW-Wägelchen und ab nach Braunlage! Da war er, der Brief! Er hatte es in sich, er war wirklich wichtig; er kam von meinem verehrten Admiral Dr. Conrad, der mir unter Schweigepflicht mitteilte, daß eine wissenschaftliche Expedition von der Regierung in die Antarktis entsandt und ihre Gesamtleitung mir angeboten werden solle, ob ich bereit sei, sie zu übernehmen; die Angelegenheit hätte aber große Eile; am 1. August müsse ich mich bereits zur ersten Informierung bei ihm, dem Admiral, in Berlin einfinden. Wie weggeblasen waren alle Worte des Bedauerns über die frühe Ruhestörung. Zwei

Stunden später ging meine Eilantwort nach Berlin: 'Selbstverständlich bereit, 1. August zur Stelle.'[1]

Exkurs: Alfred Ritscher

Alfred Ritscher wurde am 23. Mai 1879 in Lauterberg geboren und wurde 1897 Schiffsjunge. 1903 folgte das Steuermannsexamen und 1907 das Kapitänspatent. 1912 erfolgte die Anstellung im Reichsmarineamt, wo er am Seehandbuchwerk mitarbeitete. Ebenfalls 1912 erhielt er das Kommando über den Motorkutter *Herzog Ernst* und wurde damit Teil der *Deutschen Arktischen Expedition*, die von Herbert Schröder-Stranz geleitet wurde.

Dieser wollte von Tromsø durch die Nordostpassage nach Spitzbergen gelangen. Hierfür musste Ritscher noch das Flugzeugführer-Patent erwerben, was ihm gelang, obschon er wegen eines technischen Defekts am Höhenruder abstürzte und sich dabei größere Verletzungen zuzog. Die Schröder-Stranz-Expedition scheiterte dramatisch, als sich die Ost-Umrundung Spitzbergens auf Grund von Witterungsbedingungen als nicht möglich erwies. Schröder-Stranz ließ sich mit einer Schlittenabteilung absetzen und ist seitdem verschollen. Währenddessen wurde das Expeditionsschiff immer stärker von den Eismassen bedrängt und es war nur Ritschers Können zu verdanken, dass es unbeschadet in eine Bucht gelangen und dort ohne Schäden auf Strand gesetzt werden konnte.

Da die Expedition nur für eine Sommerunternehmung gerüstet und verproviantiert war, wurde die Lage an Bord

1 Alfred Ritscher, *Wissenschaftliche und fliegerische Ergebnisse der Deutschen Antarktischen Expedition 1938/39. Band 1.1 Textteil*, Deutsche Forschung – Schriften der Deutschen Forschungsgemeinschaft – Neue Folge, Bd. 3 (Leipzig: Koehler & Amelang, 1942).

schnell kritisch. Kapitän Ritscher konnte einen Teil seiner Kameraden dadurch retten, dass er bei arktischer Kälte, Schneesturm und Dunkelheit, fast ohne Proviant, einen Gewaltmarsch von 210 Kilometer in siebeneinhalb Tagen absolvierte, um in einer Siedlung Hilfe zu holen.

Da Kapitän Alfred Ritscher (1879–1963) schon Erfahrungen bei der Arktis-Expedition von 1912 sammeln konnte, wurde ihm die Leitung der Antarktis-Expedition übertragen.

Im Ersten Weltkrieg wurde er Kommandeur zweier Marine-Feldflieger-Abteilungen, die die Marine-Einheiten in Flandern unterstützten. Nach dem Krieg trat er kurz wieder seine alte Stelle beim Seehandbuchwerk an, verlor diese aber auf Grund der Zustände nach dem Ersten Weltkrieg bald wieder und musste sich als selbständiger Kaufmann durchschlagen, bis er 1925 bei der Lufthansa eine Stelle als Spezialist für Luftnavigation erhielt. 1934 trat er als Regierungsrat ins Oberkommando der Kriegsmarine ein und übernahm eben 1938 die Expeditionsleitung. Eine geplante zweite Expedition wurde durch den Kriegsausbruch verhindert.

Nach dem Kriege blieb Ritscher Vorsitzender der *Vereinigung zur Förderung des Archivs für Polarforschung e.V.* Diesen Verein kennen wir ab 1959 als *Deutsche Gesellschaft für Polarforschung*. Alfred Ritscher verstarb am 30. März 1963 in Hamburg.

Die Vorplanungen

Das Aufgabengebiet der Expedition wurde am 3. September 1938 von Hermann Göring in einer „Geheimen Reichssache" folgendermaßen niedergelegt: Innerhalb einer kurzen Sommerkampagne sollte das Hinterland des bisher unerforschten Küstengebietes östlich des Weddellmeeres zwischen 20° W und 20° O erforscht werden, um durch Flaggenabwürfe die hoheitlichen Grundlagen einer späteren Besitzergreifung des Gebietes durch das Deutsche Reich für die Sicherung des deutschen Walfangs zu schaffen. Meteorologische, ozeanographische und erdmagnetische Beobachtungen sollten einerseits die für die Expedition benötigten Daten liefern, andererseits jedoch der Tarnung des Unternehmens nach außen dienen. Daneben war die Expedition so lange wie möglich geheimzuhalten. Nach ihrer Rückkehr sollten Vorschläge für eine Expedition im Südsommer (1939/40) in das Gebiet zwischen dem Graham-Land und dem Rossmeer gemacht werden.[2]

Die Bereederung, also das Alltagsgeschäft an Bord, wurde von der *Kaiser-Wilhelm-Gesellschaft zur Förderung der Wissenschaften* übernommen und damit stand – jedenfalls für die Weltöffentlichkeit – der wissenschaftliche Aspekt im Vordergrund. Die wirtschaftlichen Interessen wurden heimlich, still und leise verfolgt. Die *Schwabenland*, ein Katapultschiff, das als Flugzeugstützpunkt im transatlantischen Luftverkehr fungierte, wurde als Expeditionsschiff ausgewählt und von der Deutsche Werft umgebaut. Weiterhin gehörten noch zwei Dornier Wal-Flugboote, die *Boreas* und die *Passat*, mit zur Expedition. 59 Mann bildeten die

2 Zit. nach: Cornelia Lüdecke, „In geheimer Mission zur Antarktis: die dritte Deutsche Antarktische Expedition 1938/39 und der Plan einer territorialen Festsetzung zur Sicherung des Walfangs", in: *Deutsches Schiffahrtsarchiv* 2003, Nr. 26 (o. J.), S. 75-100, hier S. 78.

Schiffsmannschaft und sechs Mann kümmerten sich um die Flugzeuge.

Anfang November legte das Oberkommando der Kriegsmarine die wissenschaftlichen Aufgaben und ihre Bearbeiter in einer geheimen Kommandosache fest:

1. Lotung (OKM: Besatzung)
2. Ozeanographie (OKM: cand. rer. nat. Karl-Heinz Paulsen (1909–1941), Hamburg)
3. Erdmagnetismus (OKM: cand. geophys. Leo Gburek (1910–1941), Erdmagnetisches Institut, Leipzig)
4. Biologie (RMEL: Stud. Ref. Erich Barkley, (1912–1945), Aufgaben von der Reichsanstalt für Fischerei, Institut für Walfang)
5. Aerologie (OKM: Dr. Herbert Regula (1910–1980), Deutsche Seewarte, Hamburg)
6. Wetterdienst (RfW: Stud. Ass. Heinz Lange (1908–1943), Berlin)
7. Nautische Versuche (Nautiker aus der Besatzung)
8. Nachprüfung von Angaben in Deutschen Seekarten
9. Herstellung von Küstenansichten für Seehandbücher
10. Beobachtungen über die Tragfähigkeit des Eises
11. Querschnitt durch den Südatlantischen Ozean bis Martim Vaz und Trinidade[3]

Auch neue Reiserouten und ein alternativer Organisationsplan wurden entworfen. Währenddessen ging der Umbau der *Schwabenland* weiter, und auch die anderen Vorbereitungen liefen auf Hochtouren, beispielsweise mit der Entwicklung spezieller Abwurffähnchen, die später über dem Eis abgeworfen werden und so die deutschen Gebietsansprüche dokumentieren sollten.

3 Lüdecke, „In geheimer Mission zur Antarktis“, S. 79 (OKM: Oberkommando der Kriegsmarine; RMEL: Reichsministerium für Ernährung und Landwirtschaft; RfW: Reichsamt für Wetterdienst).

Die Formalien und die Verwaltung kamen in den Vorbereitungen natürlich auch nicht zu kurz. So stellte Helmuth Wohlthat *Richtlinien für die Vorbereitung und Durchführung der deutschen antarktischen Expedition* auf, in denen die Zuständigkeiten geregelt wurden. So wurde festgelegt, dass die Lufthansa sich um die Seeausrüstung sowie den Umbau des Schiffes und der Flugzeuge zu kümmern habe, während sich Kapitän Ritscher als Expeditionsleiter um die Ausrüstung kümmerte. Außerdem gab es noch diverse Durchführungsbestimmungen. Die Expedition erhielt zu dieser Zeit aber auch einen geheimen militärischen Auftrag, der die Inseln Trinidade und Martim Vaz nordwestlich von Rio de Janeiro betraf. Insgesamt sechs Fragen sollten geklärt werden:

1. Gibt es bei den Inseln genügend gute Ankergründe, die Schutz für die Brennstoffabgabe oder zur Ausrüstung von Hilfskreuzern und dergleichen militärische Maßnahmen bieten?
2. Sind die Inseln dauernd oder vorübergehend bewohnt?
3. Befinden sich auf den Inseln irgendwelche Anlagen nachrichtentechnischer Natur?
4. Besteht die Möglichkeit der Frischwasserergänzung auf den Inseln?
5. Besteht auf den Inseln eine Fauna und Flora, die für Proviantergänzung, beispielsweise von U-Booten, in Frage kommt?
6. Werden die Inseln von Fahrzeugen irgendwelcher Art gelegentlich angelaufen? Wenn ja, zu welchem Zweck?

„Erst zehn Tage vor der Ausreise bestimmte Wohlthat die Deutsche Forschungsgemeinschaft im Einverständnis mit dem Reichsministerium für Wissenschaft, Erziehung und Volksbildung als offizielle Trägerin der Expedition und stellte die dafür benötigten Finanzmittel aus dem Fonds des Vierjahresplans bereit. Wegen der geheimzuhaltenden Aufgaben sollte die Expedition nach außen einen wissenschaftlichen Charakter haben. Im Gegenzug bot Wohlthat eine billige Gelegenheit für Auslandsreisen auch für die Hochschullehrer an, die nicht unmittelbar an antarktischer Forschung interessiert waren. Die ursprünglich als Reeder avisierte Kaiser-Wilhelm-Gesellschaft zur Förderung der Wissenschaften hatte sich nicht zur Übernahme der Trägerschaft zur Verfügung stellen wollen. Abschließend wurde noch das Meldewesen der Expedition von Wohlthat geregelt. Neben regelmäßigen Berichten in Klartext sollten die geheimzuhaltenden Meldungen in Geheimcode ebenfalls an die Deutsche Lufthansa übermittelt werden, die dann nach ihrer Entschlüsselung von Wohlthat weiterverteilt würden."[4]

Am 15. Dezember 1938 wurde eine Probefahrt unternommen, an der auch Vertreter aller beteiligten Ministerien, Behörden, Institute und Gesellschaften teilnahmen und Schiff, Ausrüstung, Wissenschaftler und Mannschaft auf Herz und Nieren geprüft wurden. Liest man allerdings im Bericht von Kapitän Ritscher von deftigem Eintopf- und Labskausessen oder Kaffeerunden mit Likör und „exklusivem Rauchwerk", fragt man sich schon, ob bei der Probefahrt Schiff und Mannschaft im Vordergrund standen.

Nachdem auch diese Probefahrt absolviert wurde, konnte die Schwabenland Mitte Dezember in See stechen: „Der 17. Dezember 1938, ein Sonnabend, war mit für Hamburg ungewohnter Kälte von -13°C angebrochen. Heller Sonnenschein vom wolkenlosen Himmel überflutete den Hamburger Hafen. Aus dem niedrigen Frostnebel ragten die hohen Bauten der Stadt und der Werftanlagen heraus. Um das an den Imperator-Pfählen vertäute Expeditionsschiff drängten sich die Dampfleichter, die 49.000 [Liter] Treibstoff für die Flugzeuge überpumpten, und die Barkassen, die die letzten Besucher, darunter Polizeipräsident Christiansen mit seiner Begleitung und Angehörige der Expeditionsmitglieder, brachten. Dr. Todt kam mit einem Haufen von Dienst- und Privatpost, der Büroausrüstung und, was nicht weniger wichtig war, mit

4 Lüdecke, „In geheimer Mission zur Antarktis", S. 81.

der Expeditionskasse; die Expeditionssekretärin fertigte die letzten Telegramme und Briefe aus. Um 15.30 Uhr war die letzte Arbeit getan, die Gäste verließen das Schiff, die Leinen wurden losgeworfen, der Augenblick der Abfahrt war gekommen.

Sonnenbeschienen streicht das schöne Elbufer an uns vorbei. 20.30 Uhr blinkt uns das Leuchtfeuer der 'Alten Liebe' bei Cuxhaven seinen Abschiedsgruß zu. Dann geht's im Dunkel der sternenklaren Winternacht der Nordsee zu. Bis in den späten Abend hinein halten uns trotz aller Müdigkeit nach den anstrengenden Tagen die lustigen Erzählungen des Eislotsen Kapitän Kraul im Salon versammelt; der frohen Stimmung konnten sich selbst einzelne mit Abschiedsschmerz Belastete nicht entziehen. Dann versuchte jeder so gut wie möglich zwischen den in seiner Kabine übereinander-getürmten Koffern, Kisten, Kasten und Weihnachtspaketen seinen Schlafplatz zu erreichen, das Aufklaren und Verstauen der tausenderlei Dinge den folgenden Tagen überlassend."[5]

Exkurs: Die Schwabenland

Die *Schwabenland* war ursprünglich ein Frachtschiff mit dem Heimathafen Bremen, das bis 1934 unter dem Namen „Schwarzenfels" fuhr. Ihr Rufzeichen war QMBJ/DOFW und sie wurde von den Deutschen Werken in Kiel erbaut. Der Stapellauf war am 14. März 1925 und die Indienststellung erfolgte am 16. Juli 1925. Ihr Eigner war die *Deutsche Dampfschifffahrts-Gesellschaft Hansa* und ab 1934 die Deutsche Lufthansa. In diesem Jahr wurde sie auch zum Katapultschiff umgebaut, um auf der Luftpoststrecke über den Südatlantik Dienst zu tun.

5 Ritscher, Wissenschaftliche und fliegerische Ergebnisse der Deutschen Antarktischen Expedition 1938/39. Band 1.1 Textteil, S. 28.

Die Schwabenland bei der glücklichen Heimkehr aus der Antarktis

1938 wurde sie dann zum Forschungsschiff für die Antarktis-Expedition. Sie hatte eine Länge von 148,85 Metern, eine Breite von 18,42 Metern und einen Tiefgang von 8,49 Metern. Als Frachter hatte sie 7894 BRT und als Katapultschiff 8188. Damit gehörte es zu den größeren Frachtschiffen der damaligen Zeit.

Die Schwabenland verfügte über zwei Sechszylinder-Viertakt-Dieselmotoren mit je 1800 PS und konnte eine Höchstgeschwindigkeit von 12 Knoten erreichen. Die Durchschnittsgeschwindigkeit von Frachtschiffen lag damals bei 10 bis 12 Knoten.

Ihre Besatzung belief sich auf 45 Mann und wurde vom Norddeutschen Lloyd, der Deutschen Lufthansa, dem Oberkommando der Marine, dem Reichsamt für Wetterdienst, der Hansa Luftbild, der Deutschen Seewarte, dem Marineobservatorium, der Reichsstelle für Fischerei, dem Institut für Walforschung, dem Erdmagnetischen Institut und den Atlas-Werken gestellt.

Gruppenbild von Besatzung, Forschern und Pinguin nach dem Einlaufen in den Hamburger Hafen

Sie hatte zwei so genannte „Wal-Flugboote" an Bord. Hierbei handelte es sich um die Do J II f Bos-Flugboote von Dornier mit Namen *Boreas* und *Passat*. Diese Flugboote konnten bis zu 6,2 Tonnen an Ausrüstung befördern und bis zu zehn Passagiere. Beide wurden dann noch mit verschiedenen Fotokameras ausgerüstet. Einmal waren dies Reihenbildkameras, mit denen sie etwa 350.000 km² dokumentierten; aber auch spezielle Kameras, mit denen frühe 3D-Fotos aufgenommen werden konnten, wurden verbaut.

Die *Schwabenland* fand ihr Ende am 31. Dezember 1946, als sie von der Royal Navy mit 1400 Tonnen Giftgasmunition beladen und im Skagerrak versenkt wurde.

Die Expedition

Der weitere Reiseverlauf brachte die *Schwabenland* durch den Ärmelkanal, vorbei an Ouessant und immer weiter nach dem Süden. Vorbei an den Kanarischen Inseln hin zu den Kapverden, dann weiter gen Süden nach Ascension. Auf gut der halben Strecke zwischen den Kapverden und Ascension wurde der Äquator überquert. Nach Ascension führte die Route die *Schwabenland* nach Tristan da Cunha und zur Bouvetinsel, die den Beginn der letzten Etappe der Hinreise darstellte, denn dann kam auch schon Antarktika.

Hamburg – Ouessant	600 Seemeilen 1100 Kilometer
Ouessant – Kanaren	1420 Seemeilen 2630 Kilometer
Kanaren – Kapverden – Ascension	1840 Seemeilen 3400 Kilometer
Ascension – Tristan da Cunha	2250 Seemeilen 4170 Kilometer
Tristan da Cunha – Bouvetinsel	1240 Seemeilen 2300 Kilomcter
Bouvetinsel – Neu-Schwabenland	870 Seemeilen 1600 Kilometer
Gesamtstrecke Hinfahrt	8220 Seemeilen 15220 Kilometer

Die Hinfahrt selbst verlief ohne Probleme. Die Stimmung an Bord war gut und nach den üblichen Arbeiten zu Beginn der Fahrt konnten auch schon die ersten wissenschaftlichen Experimente durchgeführt werden. So wurden beständig meteorologische sowie ozeanographische Daten gesammelt. Aber auch das gesellige Leben kam nicht zu kurz, und es

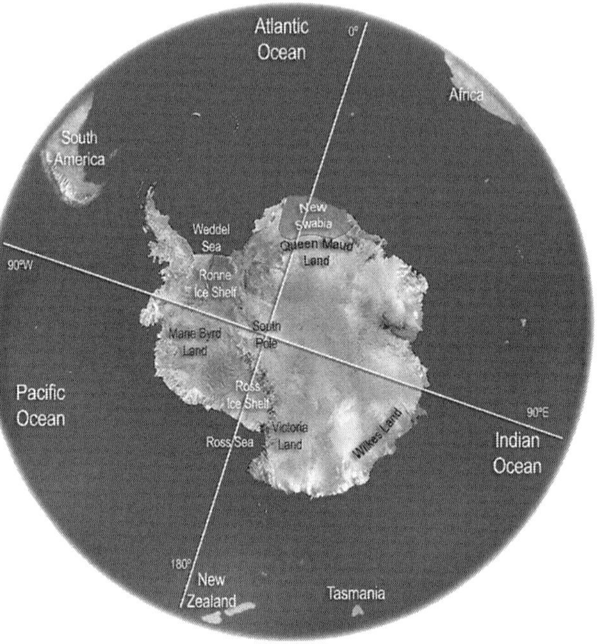

Lage von „Neu-Schwabenland“ in der Antarktis. Heute wird das Gebiet von Norwegen beansprucht.

wurde ein stimmungsvolles Weihnachtsfest sowie eine kombinierte Äquatortaufe mit Silvesterfeier durchgeführt.

Am 19. Januar 1939 kam die *Schwabenland* an der Schelfeisküste an und hatte damit ihr Ziel auf 69° 10' S, 4° 15' W erreicht. Und gleich am nächsten Morgen um 4.40 Uhr startete die *Boreas* mit Flugzeugführer Schirmacher.

Diesem ersten folgten noch zahlreiche weitere Flüge, die nicht nur dazu dienten wissenschaftliche Daten zu sammeln, sondern durch die Abwurfpfeile mit angebrachter Reichsflagge auch Ansprüche auf das Territorium zu markieren. Auf einem dieser Flüge entstand auch das bekannte Foto, auf dem Rudolf Mayr, Franz Preuschoff und Herbert Ruhnke vom Flugboot *Passat* die Reichsflagge in der Westbucht aufpflanzen.

Was die Besatzung der *Schwabenland* nicht wusste: Ihre Bemühungen, das Gebiet für das Deutsche Reich zu markieren, waren vergebens. Bereits als sich das Schiff noch auf hoher See befand, erhob das Königreich Norwegen offiziell Anspruch auf das Areal und gab ihm den Namen „Dronning-Maud-Land“.

Insgesamt 19 Tage kreuzte die *Schwabenland* vor der Küste Antarktikas. In dieser Zeit wurden zahlreiche Flüge absolviert, unzählige Fotos aufgenommen, wissenschaftliche Experimente durchgeführt und Daten gesammelt. Und auch die Rückreise wurde hierzu genutzt, so lange man sich noch in antarktischen Gewässern aufhielt. Die Masse an Daten, die die *Schwabenland* in der Antarktis gesammelt hatte, als sie am 5. Februar 1939 die Heimreise antrat, brachte der Wissenschaft auf zahlreichen naturwissenschaftlichen Gebieten neue Erkenntnisse. Alleine die von Otto von Gruber bis 1942 angefertigte, äußerst detaillierte topografische Karte des östlichen Neuschwabenland-Gebietes zeigte knapp 90 neue Objekte, die von der Expedition entdeckt und benannt worden waren. Die gesamte Auswertung dauerte bis in die 1950er Jahre hinein.

Aber kommen wir wieder zur Rückreise. Ziel der ersten Etappe war das südafrikanische Kapstadt, wo man einige benötigte Ersatzteile für die Maschinen hinbestellt hatte. Kapstadt wurde am 6. März 1939 erreicht.

Die Etappen auf der Rückreise waren

Neu-Schwabenland – Kapstadt	1800 Seemeilen 3330 Kilometer
Kapstadt – Trinidad	2640 Seemeilen 4890 Kilometer
Trinidad – Pernambuco	810 Seemeilen 1500 Kilometer

Pernambuco – Kapverden	1800 Seemeilen 3330 Kilometer
Kapverden – Kanaren – Ouessant	1420 Seemeilen 2630 Kilometer
Ouessant – Hamburg	600 Seemeilen 1100 Kilometer
Gesamtstrecke Rückfahrt	9070 Seemeilen 16800 Kilometer

Am 10. April 1939 um 6 Uhr morgens ankerte die *Schwabenland* beim Feuerschiff *Elbe III* erstmals wieder in heimischen Gewässern, und die ganze Mannschaft wurde zum Aufklaren verdonnert. Über die endgültige Heimkehr schreibt Expeditionsleiter Ritscher: „Am nächsten Morgen legten wir in aller Frühe an der Steubenhöft-Brücke in Cuxhaven an. Lustig wehten im hellen Sonnenschein dieses Apriltages über allen Toppen die Flaggen, als um 11 Uhr unter Führung von Staatsrat Wohlthat die Gäste an Bord kamen. Professor Mentzel, Präsident der Deutschen Forschungsgemeinschaft, hieß im Namen des Herrn Reichsministers für Erziehung und Volksbildung Rust die Expedition in der Heimat willkommen und beglückwünschte die auf dem Vordeck angetretenen Fahrtteilnehmer zu ihrer glücklichen Heimkehr von der erfolgreichen Fahrt.

Nach einem kurzen Imbiß ging die Fahrt elbaufwärts; die wackeren Maschinen mußten noch einmal alle Kraft hergeben, um das Schiff gegen den starken Ebbestrom noch wenigstens einigermaßen zeitgerecht nach Hamburg zu bringen, wo wir bereits um 19 Uhr erwartet wurden und zu Ehren der Fahrtteilnehmer ein SA-Sturm angetreten war. Bürgermeister Kroogmann empfing im Namen des Herrn Reichsstatthalters Kaufmann die Besatzung im großen Saal des Rathauses, und dann fand die Fahrt mit einer Feier am festlich gedeckten Tisch im Hotel 'Vierjahreszeiten' auf Einladung des Herrn Reichsministers Rust ihren erhebenden Abschluß.

Alle Fahrtteilnehmer aber erfüllte mit besonderem Stolz ein Telegramm des Führers und Reichskanzlers folgenden Inhalts: ‘Den Teilnehmern an der Deutschen Antarktischen Expedition 1938/39 danke ich für die Meldung von ihrer Rückkehr in die Heimat. Ich verbinde damit meine herzlichen Glückwünsche zu der erfolgreichen Durchführung der der Expedition übertragenen Aufgabe. Adolf Hitler.’“[6]

Mit der Rückkunft in Hamburg begann die wichtige Arbeit, die Forschungsergebnisse und gesammelten Daten für die wissenschaftliche Nutzung aufzubereiten.

„Die Aufgaben der Expedition“, schreibt Ritscher, „lagen auf wissenschaftlichem und wirtschaftspolitischem Gebiet. Ihre Zielsetzung war in der Hauptsache:

6 Ritscher, Wissenschaftliche und fliegerische Ergebnisse, S. 113/114.

- auf dem Gebiet der Geographie: Gewinnung einer Landkarte des Küstengebietes im Arbeitsabschnitt durch photogrammetrische Vermessung aus der Luft,
- auf dem Gebiet der Meteorologie: die Wetterberatung der Flugzeuge und die Erforschung der höheren Schichten der Atmosphäre,
- auf dem Gebiet der Ozeanographie: Reliefaufnahmen des Meeresbodens mittels Echolotungen, Oberflächenbeobachtungen mit dem Sund-Schöpfer, Temperaturmessungen, Durchführung hydrographischer Serien,
- auf dem Gebiet der Geophysik: Kern- und Staubzählungen, Strahlungsmessungen, Messungen der Deklination, Inklination, Horizontalintensität auf Eis und Land,
- auf dem Gebiet der Biologie: Beobachtungen über Vorkommen von Walen, Robben, Vögeln, Planktonfänge und Sammlung von Erfahrungen über die Nahrungsauswahl und Nahrungsaufnahme der Walkrebschen,
- auf dem Gebiet der Nautik: Erprobung nautischer Geräte und Tabellen, Kimmtiefenmessungen, Nachprüfung von Angaben in den deutschen Seekarten, Herstellung von Küstenansichten für Seehandbücher.“[7]

Über die geheimen militärischen und wirtschaftspolitischen Ziele der Expedition, nämlich den deutschen Anspruch auf das Areal durchzusetzen, um dann dort Walfangstationen zu errichten, wurde natürlich nicht öffentlich, dafür umso mehr im Geheimen berichtet. Durch den aber schon bald ausbrechenden Zweiten Weltkrieg wurde dieses Projekt hintangestellt.

Die wissenschaftliche Auswertung war umso ergiebiger. Bereits wenige Monate nach der Heimkehr veröffentlichte Alfred Ritscher einen Vorbericht als Beiheft der *Annalen der Hydrographie und Maritimen Meteorologie*, worin er über den Expeditionsverlauf berichtete. Die leitenden Wissen-

7 Ritscher, Wissenschaftliche und fliegerische Ergebnisse, S. 2

schaftler gaben schon einmal einen Vorbericht über die in ihren Fachbereichen gewonnenen Erkenntnisse.

1942 erschien dann der erste Band der umfangreichen wissenschaftlichen Auswertung unter dem Titel *Wissen-schaftliche und fliegerische Ergebnisse der Deutschen Antarktischen Expedition 1938/39*. Dieser wurde im Auftrag der Deutschen Forschungsgemeinschaft von Alfred Ritscher herausgegeben und teilte sich in den Band „Textteil" und in den Band „Bilder- und Kartenteil". Im Bildteil wurden übrigens auch so genannte „Anaglyphenbilder" abgedruckt, für die damalige Zeit eine große Besonderheit. Hierbei handelt es sich um 3D-Bilder, für deren Betrachtung man eine spezielle Brille benötigt.

Durch Krieg, Kriegsverlust und die Probleme durch die Teilung Deutschlands konnte der zweite Band erst zwischen 1952 und 1958 in drei Teillieferungen erfolgen. Besonders der „Soldatentod" der wissenschaftlichen Expeditionsteilnehmer Karl-Heinz Paulsen (Ozeanograph), Leo Gburek (Geophysiker) Dr. Erich Barkley (Biologe) und Dr. Heinz Lange (2. Meteorologe) verkomplizierten die Herausgabe des zweiten Bandes ungemein (davon abgesehen, dass auch die betroffenen Herren sicherlich nicht sehr begeistert davon waren). So mussten neue Bearbeiter der Aufzeichnungen gefunden werden, die sich erst aufwändig in die Materie einarbeiten mussten.

Dazu kam noch, dass das geophysikalische Material im Geophysikalischen Institut in Leipzig gelagert war und dieses am 4. Dezember 1943 komplett ausgebombt wurde. So waren diese Unterlagen verloren. Von den insgesamt 11.600 Negativen der Reihenaufnahmen im Format 18 x 18 cm überstanden lediglich 620 den Zweiten Weltkrieg. Und diese wenigen Aufnahmen wurden dann auch noch so verlegt, dass sie erst 1982 wieder auftauchten. Aber immerhin wurde wenigstens eine Erstauswertung der Luftbilder vorgenommen, die im Vorbericht aus dem Jahr 1939 veröffentlicht wurde.

Bereits 1941 erschien von Dr. Ernst Herrmann (Geograph und stellvertretender Expeditionsleiter) unter dem Titel *Deutsche Forscher im Südpolarmeer* ein „volkstümlicher" Bericht, der neben der Wissensvermittlung auch unterhaltend sein sollte. An dieser Stelle sei auch die 1986 erschienene Monographie von Karsten Brunk *Kartographische Arbeiten und deutsche Namengebung in Neuschwabenland, Antarktis* genannt, die eine hervorragende Aufarbeitung darstellt.

Zeitgleich zu den wissenschaftlichen Auswertungen wurden auch die Planungen für eine zweite Expedition in die Antarktis aufgenommen, die im Winter 1939/40 stattfinden sollte. Nachdem im September 1939 allerdings der Zweite Weltkrieg begann, wurden diese Pläne verworfen.

Alfred Ritscher wurde dann im Januar 1941 als Kapitän kriegsdienstverpflichtet und in den Englischen Kanal geschickt. Das war – trotz aller Hoffnungen und Versprechungen – der Todesstoß für alle weiteren Expeditionsbemühungen und so wurde das Expeditionsbüro am 1. November 1941 „bis auf weiteres" geschlossen.

Das Deutsche Reich hat schlussendlich nie offiziell Ansprüche auf das Neuschwabenland-Areal gestellt. Das Auswärtige Amt erklärte hierzu 1993: „Das frühe deutsche Reich hat Gebietsansprüche in der Antarktis nicht erhoben, und zwar auch nicht in Bezug auf das von der deutschen Antarktis-Expedition 1938/39 entdeckte Gebiet Neu-Schwabenland. Einer norwegischen Erklärung vom 14. Januar, mit der ein größeres Gebiet in der Antarktis unter Einbeziehung von Neuschwabenland in Anspruch genommen wurde, hat die Reichsregierung am 23. Januar 1939 widersprochen und sich 'bezüglich des Gebietes die volle Handlungsfreiheit vorbehalten, die sich aus den Grundsätzen des Völkerrechts ergibt'. Konkrete Ansprüche auf das fragliche Gebiet hat das Deutsche Reich allerdings weder damals noch später erhoben. Die Bundesregierung hat lediglich im Jahre 1952 das auf die Tatsache der Entdeckung gestützte Recht zur geographischen Namengebung für Neuschwabenland ausgeübt."[8]

Die Operation Highjump

Acht Jahre nach der Ritscher-Expedition unternahm die US Navy ebenfalls eine Expedition in die Antarktis. Unter dem Kommando von Rear Admiral Richard Evelyne Byrd Jr. machte sich die „Task Group 68" mit 4700 Soldaten, 13 Schiffen und 33 Flugzeugen auf den Weg ins ewige Eis des Südpols. Die Expedition untergliederte sich in fünf Gruppen:

Die „Task Group 68.1", die den westlichen Flügel der Expedition bildete, wurde von Captain Charles A. Bond befehligt und setzte sich aus der USS Currituck, der USS Henderson und der USS Cacapon zusammen. „Task Group 68.2" war das Zentrum der Operation und wurde von Rear Admiral Richard H. Cruzen geführt. Sie bestand aus der USS Mount Olympus, der USS Yancey, der USS Merrick, der USS Sennet, der USS Burton Island und der USCGC Northwind.

Der östliche Flügel der Expedition wurde durch „Task Group 68.3" unter Captain George J. Dufek gebildet und umfasste die USS Pine Island, die USS Brownson und die USS Canistco. Rear Admiral Richard E. Byrd, der Expeditionsleiter und Kommandant, war mit dem Flugzeugträger USS Philippine Sea die „Task Group 68.4" und das Basis-

8 Gernot L. Geise, „Neuschwabenland – letzte Zuflucht gegen Kriegsende?", in: *Synesis* 2005, Nr. 6 (o.J.), S. 25-32.

Während der Operation Highjump hatten die Soldaten und Matrosen die Möglichkeit, postalisch mit der Heimat in Kontakt zu bleiben.

camp „Little America IV" unter dem Kommando von Captain Clifford M. Campbell bildete die „Task Group 68.5".

Die verschiedenen Gruppen erreichten die Antarktis zwischen dem 25. und 30. Dezember 1946 und am 3. März 1947 wurde die Expedition nach 69 Tagen durch Admiral Byrd als erfolgreich beendet erklärt.

Die Expedition sollte zum Einen die Soldaten und Matrosen unter arktischen Bedingungen trainieren und das technische Gerät hierunter erproben. Dann sollte erforscht werden, inwieweit Antarktika sich für die Errichtung, Nutzung und Erhaltung von Marinestützpunkten eignete. Außerdem sollten geologische, geographische, hydrographische oder meteorologische Daten gesammelt und zahlreiche Experimente auf diesen Gebieten durchgeführt wurden. Kurz, die US-Militärs erwarteten, dass in Zukunft auch die Polregionen zu Kriegsschauplätzen werden könnten und wollte sich hierauf vorbereiten. Die Expedition verfolgte militärische und wissenschaftliche Zielsetzungen, die offiziell zwar getrennt sein sollten, tatsächlich allerdings zusammenhingen. Obwohl die wissenschaftlichen Erkenntnisse, die gewonnen wurden, auch zivilen Institutionen zur Verfügung gestellt wurden, war der militärische Nutzen doch das primäre Ziel ihrer Erhebung.

Hierzu passt auch ein weiterer Punkt auf der Expeditionsagenda, der von offizieller US-amerikanischer Seite allerdings immer bestritten wurde: die Mehrung des US-amerikanischen Einflusses in der Antarktis. Die bereits bestehenden Gebiete sollten gefestigt und neue hinzugewonnen werden.

Die westliche Gruppe umfuhr die Küstenlinie von Victoria-Land über Wokes-Land in Richtung auf das Weddell-Meer, die östliche umrundete die Küste von Marie-Byrd-Land und Ellsworth-Land in östlicher Richtung. Die erstere drang auf dieser Fahrt bis zur Prinz-Olaf-Küste des Enderby-Landes vor, während die östliche nach ihrer Fahrt durch das Weddell-Meer die Prinzessin-Astrid-Küste des Dronning-Maud-Landes erreichte, so dass sich beide Gruppen am Schluss der Expedition bis auf 500 Seemeilen genähert hatten. Die Mittelgruppe lief in das Roß-Meer ein und errichtete etwa 2,4 km nördlich vom Little America den neuen Stützpunkt „High-Jump-Base", der aber schon Ende Februar 1947 geräumt werden musste, weil ein ungewöhnlich früh einsetzender Winter die Packeismassen im Roß-Meer verstärkte und dadurch die Gefahr der Einschließung bestand.

Der deutsche Polarforscher Kurt Ruthe schrieb 1947 in der Zeitschrift *Polarforschung*: „Faßt man die Ergebnisse dieser Expedition zusammen, so wurde ein Viertel der Küstenlinie von Antarktika neu aufgenommen und viele wichtige Korrekturen an früheren Karten angebracht. Fast 2,6 Millionen Quadratkilometer unbekannten Gebietes wurden aus der Luft photographisch aufgenommen, 22 Gebirgszüge und

Die große Masse an allerlei Materialien, die von der US Navy während der Operation in die Antarktis gebracht wurde, ist beeindruckend. Beim Transport bewährten sich auch Hundeschlitten.

Gebirgstruppen sowie 26 Inseln, 20 neue Gletscher, neun Buchten und fünf Kaps neu kartographiert.

Auf dem Gebiete der Meteorologie gelang weiter eine äußerst wichtige Beobachtung: Man konnte den Weg der antarktischen Polarstürme festlegen und zwei ihrer Ursprungsorte ermitteln. Der eine liegt zwischen Wilkes-Land und Australien und der andere im Raume von Peter-I.-Insel.

Von größter Wichtigkeit sind die Untersuchungen über den Erdmagnetismus, die bei gleichzeitigen Beobachtungen in der Nähe des magnetischen Nord- und Südpoles erkennen lassen werden, ob die auftretenden Störungen auf der ganzen Erde im gleichen oder entgegengesetzten Sinne verlaufen.

Bestand die Hauptaufgabe der 'High-Jump-Operation' vor allem darin, umfangreiche Erfahrungen und eingehende Kenntnisse für militärische Operationen im Polargebiet zu sammeln, so sind doch auch äußerst wichtige Entdeckungen und Feststellungen gemacht worden, die für die wissenschaftliche Erforschung Antarktikas von größter Bedeutung sind.“[9]

Diese wissenschaftlichen Entdeckungen waren aber teuer erkauft, insgesamt vier Teilnehmer der Operation starben im ewigen Eis. Die gesamte Operation wurde übrigens auch durch Fotografen und Kameramänner der US Navy und der US Army begleitet. Hieraus entstand der Kinofilm *The Secret Land*, der 1948 den *Academy Award for Best Documentary Feature* (Oscar) gewann.

Als die Expedition Wellington in Neuseeland als erste Etappe ihrer Heimfahrt ansteuerte, wurde Admiral Byrd von einem Reporter interviewt. Folgendes war als Resümee der Operation in der in Santiago de Chile erscheinenden Tageszeitung *El Mercurio* zu lesen: „Admiral Richard E. Byrd warnte heute, dass die Vereinigten Staaten Maßnahmen zum Schutz gegen die Möglichkeit einer Invasion des Landes durch feindliche Flugzeuge aus den Polargebieten ergreifen sollten. Der Admiral erklärte, dass er niemandem Angst machen wollte, aber die grausame Realität ist, dass die Vereinigten Staaten im Falle eines neuen Krieges von Flugzeugen angegriffen werden könnten, die über einen oder beide Pole kommen. Diese Aussage wurde als Teil einer Rekapitulation seiner eigenen Polarerfahrung in einem exklusiven Interview mit International News Service gemacht. In Bezug auf die kürzlich abgeschlossene Expedition sagte Byrd, dass das wichtigste Ergebnis seiner Beobachtungen und Entdeckungen die möglichen Auswirkungen sind, die sie in Bezug auf die Sicherheit der Vereinigten Staaten haben. Die fantastische Geschwindigkeit, mit der die Welt schrumpft – erinnert sich der Admiral – ist eine der wichtigsten Lektionen, die er bei seiner jüngsten Erforschung der Antarktis gelernt

9 Kurt Ruthe, „Die geographischen Entdeckungen von Admiral Byrds High-Jump Operation im Jahre 1946/47“, in: *Polarforschung* 10, Nr. 1-2 (1947), S. 165-167.

Die Operation Highjump wurde auch durch ein Kamerateam begleitet. Der dabei entstandene Film The Secret Land *wurde sogar mit einem Oscar prämiert.*

hat. Ich muss meine Landsleute warnen, dass die Zeit vorbei ist, in der wir in unsere Isolation flüchten konnten und uns auf die Gewissheit verlassen konnten, dass die Entfernungen, die Ozeane und die Pole ein Garant für Sicherheit waren."[10]

Diese Einsicht führte dazu, dass die USA ihre Thule Air Base auf Grönland massiv verstärkten, hielten sie doch einen russischen Angriff über die Arktis für wahrscheinlicher als von Süden.

Diese Aussage von Admiral Byrd machte die Operation Highjump auch zu einem Teil des Neuschwabenlandmythos. Die Verschwörungsgläubigen gehen nämlich davon aus,

10 Colin Summerhayes und Peter Beeching, „Hitler's Antarctic Base: The Myth and the Reality", in: *Polar Record* 43, Nr. 1 (16. Januar 2007), S. 1-21, https://doi.org/10.1017/S003224740600578X (Übers. Scholz).

dass der wissenschaftliche Teil der Expedition nur Tarnung war und es sich tatsächlich um eine reine Militäroperation zur Bekämpfung der in Neuschwabenland angeblich stationierten Nazi-Truppen handelte.

Exkurs: Rear Admiral Richard E. Byrd

Admiral Richard E. Byrds (1888–1957) Äußerungen in einem Interview werden von Verschwörungsgläubigen immer wieder als Beweis für die Neu-Schwabenland-Basis gesehen.

Richard Evelyn Byrd wurde am 25. Oktober 1888 in Winchester, Virginia geboren. Er war ein US-amerikanischer Polarforscher und Rear Admiral der US Navy.

Sein erster Ruhm basierte darauf, dass er behauptete, am 9. Mai 1926 gemeinsam mit dem Piloten Floyd Bennett in einer dreimotorigen Fokker den Nordpol über den Luftweg von Spitzbergen aus erreicht zu haben. Hieran kamen aber bald Zweifel auf und tatsächlich gab Bennett an, auf Grund technischer Probleme nie am Nordpol angekommen zu sein. Dies tat Byrds Ruhm allerdings keinen Abbruch.

Byrd unternahm insgesamt vier Expeditionen in die Antarktis, nämlich 1928/1930, 1933/1935, 1939/1941 und 1946/1947. Bei der letzten handelte es sich um die Operation Highjump. Während dieser vier Expeditionen machten Byrd und seine Mitstreiter zahlreiche Entdeckungen und leisteten somit einen herausragenden Beitrag zur Antarktisforschung.

Richard E. Byrd verstarb am 11. März 1957 in Boston und wurde auf dem Nationalfriedhof in Arlington beigesetzt.

Die Verschwörungstheorien rund um Neuschwabenland

Bisher haben wir uns mit den historischen Realitäten der Schwabenland-Expedition bzw. der Operation Highjump beschäftigt, kommen wir nun zu den Verschwörungstheorien, die um dieses Gebiet in Umlauf sind. Und das sind derer viele. Bei der Auflistung hier versuche ich eine gewisse chronologische Reihenfolge einzuhalten, soweit dies möglich ist.

Verschwörungstheorie Nr. 1 – Die Geheimbasis

Die wohl bekannteste Verschwörungstheorie lautet, dass die Schwabenland-Expedition den Grundstein zu einer im und unter dem Eis gelegenen Geheimbasis mit U-Boot-Hafen gelegt hätte. Dort sollen zwischen 40 und 100 U-Boote Platz haben. Während des Krieges sei der Hafen zum „Antarktisstützpunkt 211“ ausgebaut worden, mit Werkstätten, Laboratorien, Flughangar und weiteren großen Bauten. Die dazugehörende Stadt sei „Neu Berchtesgaden“. Dorthin seien Adolf Hitler, seine Frau Eva, sein Sekretär Martin Bormann und zahlreiche weitere hochrangige Nazis am Ende des Zweiten Weltkrieges geflohen und hätten dort gelebt.

Nun, diese Erzählung ist relativ einfach zu widerlegen. Wir müssen uns vor Augen halten, dass jede Schraube, jedes Fitzelchen Stahl, jede Kelle Mörtel, die benötigt wird, um eine solche „Geheimbasis“ zu errichten, von Deutschland aus per Schiff nach Neuschwabenland hätte gebracht werden müssen. Man muss sich mal die reine Masse an Material vorstellen, die hier über mehr als 9000 Seemeilen hätten verschifft werden müssen.

Auch wenn das Dritte Reich zu Beginn des Zweiten Weltkrieges siegreich war, Baumaterial und Treibstoff waren knapp und es gab auf dem europäischen Kriegsschauplatz dringendere Wehrbauten zu errichten. Der „Westwall“ etwa konnte nur durch die Plünderung französischer Ressourcen und Arbeitskräfte erbaut werden. Woher sollten dann die Arbeitskräfte für den Antarktisstützpunkt 211 kommen? Stellen wir uns einmal vor, wie viele Maurer, Elektriker, Verputzer, Glaser, Estrichleger oder Klempner es benötigt, eine solche Anlage zu bauen. Und das im Krieg? Wo jeder Mann an der Front oder in der Wehrwirtschaft gebraucht wurde? Dies ist doch mehr als unwahrscheinlich.

Natürlich hätte das Deutsche Reich die Materialien beispielsweise in Argentinien, Brasilien oder Chile kaufen können, von der Südspitze Südamerikas ist es ja nur ein Katzensprung zur Antarktis und die dortigen Regierungen standen dem nationalsozialistischen Deutschland äußerst wohlwollend gegenüber. Nur so wohlwollend, dass sie Baumaterial verschenkt hätten, waren sie dann doch nicht. Denn Deutschland hätte nicht bezahlen können; seine Devisenbestände waren so gut wie aufgebraucht und die Reichsmark war im internationalen Zahlungsverkehr soweit abgewertet, dass sie außerhalb Deutschlands oder der besetzten Gebiete kaum Kaufkraft hatte.

Zwar ankerten immer wieder deutsche Schiffe oder U-Boote vor der Eisküste Neuschwabenlands, aber nicht in so großer Zahl, als dass sie sämtliches Material hätten heranschaffen können. U-Boote hatten nur sehr begrenzten Stauraum. Und die Walfangflotte hatte andere Aufgaben, als Mörtel und Stahl zu transportieren. Tatsächlich ist es so, dass die für 1939/40 und 1940/41 geplanten Folgeexpeditionen wegen des Zweiten Weltkrieges gestrichen wurden. Nach der Ritscher-Expedition betraten deutsche Wissenschaftler erst 1959 wieder die Antarktis. Und zwar als Mitglieder der russischen Expedition zur Schirmacher-Oase.

Siegfried Sauter, Luftfotograf der Schwabenland-Expedition und dadurch guter Kenner der dortigen Geographie, sagte in einem Interview: „Es ist unmöglich, Bunker unter dem Eis zu bauen, auch keine U-Boot-Bunker. Das Material müsste mit Schiffen nach Neu-Schwabenland gebracht worden sein. Mit normalen Frachtschiffen ohne Spezialausrüstung war das überhaupt nicht möglich, es wären Eisbrecher notwendig gewesen. Die Schiffe stoßen zunächst auf Schelfeis, dann auf Randeis, das bis zu hundert Meter hoch ist, oft noch höher. Das Eis schiebt sich im antarktischen Winter nach außen und bricht dann nach einiger Zeit ab. Einen Bunker in das Eis oder unter das Eis zu bauen, ist technisch unmöglich, denn das Eis bewegt sich und treibt nach außen. U-Boote könnten da überhaupt nicht hineinfahren!"[11]

Die enorme Ausdehnung des südlichen Winterpackeises hätte also deutsche U-Boote daran gehindert, die Küste von Dronning-Maud-Land zu erreichen. Außerdem gibt es keinen Kanal, durch den U-Boote in die Berge von Dronning-Maud-Land hätten eindringen können.

Wir sehen also, dass die Errichtung einer solchen Basis schon allein aus logistischen Gründen nicht hätte verwirklicht werden können, jedenfalls nicht in Kriegszeiten.

Interessant ist auch, dass sich die Verschwörungstheoretiker untereinander selbst nicht einig sind, wo genau sich dieser ominöse Stützpunkt befunden haben soll. Einmal ist es die sogenannte „Schirmacher-Oase", dann wieder soll er am östlichen Rand des Neuschwabenland-Gebietes gewesen sein. Auch das Wohlthat-Massiv ist mit im Rennen, ebenso eine vermeintliche Natureishöhle im Mühlig-Hofmann-Gebirge. Man kann also zusammenfassen, dass der angebliche Stützpunkt irgendwo im Neuschwabenland-Gebiet sein soll. Teilweise werden sogar genaue Koordinaten angegeben, an denen allerdings nichts zu finden ist.

Und wenn sich irgendwo auf Antarktika ein Stützpunkt befinden sollte, wäre er von den zahlreichen Wissenschaftlern, die sich dort tummeln, doch sicher schon gefunden worden, ist der Eiskontinent heutzutage doch gespickt mit Forschungsstationen der verschiedensten Nationen.

Der erste, der von einem Neuschwabenland-Stützpunkt fabulierte, war der argentinische Journalist ungarischer Herkunft Ladislao Szabó, der in Buenos Aires lebte. Er veröffentlichte 1947 das Buch *Hitler esta vivo* (Hitler ist noch am Leben) und brachte darin diese Erzählung auf. Bei ihm hieß der Stützpunkt allerdings „Neu-Berchtesgaden".

---

11 Zitiert nach Heinz Schön, *Mythos Neu-Schwabenland: Für Hitler am Südpol* (Selent: Bonus-Verlag, 2004).

Wie konnte nun aber eine solche Verschwörungstheorie entstehen? Nun, einen großen Anteil wird sicherlich die Geheimhaltung haben, unter der die Vorbereitung der Expedition abgelaufen sind. Die offiziellen Stellen wollten natürlich nicht, dass die Expedition im Vorfeld in Norwegen oder England bekannt wurde.

Auch danach wurde in Deutschland nicht viel über die Expedition berichtet. Ein kurzer Bericht in der *Berliner Illustrirten Zeitung* vom 25. Mai 1939 und einige kleinere Artikel in der Hamburger Lokalpresse stellten die ganze Berichterstattung dar. 1941 veröffentlichte der Expeditionsgeologe Ernst Herrmann mit seinem Buch *Deutsche Forscher im Südpolarmeer* zwar einen populärwissenschaftlichen Bericht über die Expedition, aber der ging in der damals boomenden Kriegsliteratur dann doch eher unter. Die 1942 sowie 1954 und 1958 erschienenen wissenschaftlichen Berichte, in denen die gesammelten Daten ausgewertet wurden, wurden außerhalb der Wissenschaftskreise nicht wahrgenommen.

In diese breiten Informationslücken stießen dann die Verschwörungsgläubigen und bauten aus Halbwahrheiten und Verdrehungen ihre – vermeintliche – Wahrheit.

Verschwörungstheorie Nr. 2 – Operation Tabarin

1944 sollen bis an die Zähne bewaffnete britische Soldaten der Spezialgruppe „SAS" unter dem Namen „Operation Tabarin" einen Angriff gegen die Neuschwabenland-Basis geführt haben und heldenhaft von den Eis-Nazis zurückgeschlagen worden sein.

Diese Behauptung ist, nun ja, leicht übertrieben. Also erstmal der wahre Kern darin: Es gab eine Operation Tabarin, die zwischen 1943 und 1946 durchgeführt wurde. Ihr Zweck war es, britische Gebietsansprüche auf die Falklandinseln zu festigen, da kurz nach Ausbruch des Zweiten Weltkrieges Argentinien und Chile ebenfalls Besitzansprüche angemeldet hatten. Deshalb wurde die Expedition auch als geheim klassifiziert. Durchgeführt wurde sie von der britischen Admiralität im Auftrag des Colonial Office.

Nach intensiven Planungen verließ die Expedition im November 1943 Großbritannien unter der Leitung von Lieutenant-Commander James Marr. Anfang 1944 wurden dann zwei Stützpunkte, auf Deception Island und in Port Lockroy auf Wiencke Island angelegt. Später folgte dann noch ein dritter in der Hope Bay.

Waren das dann die gut eintausend bis an die Zähne bewaffneten SAS-Spezialkämpfer? Und waren die Stützpunkte mit der damals neuesten Waffentechnologie ausgerüstet?

Tatsächlich handelte es sich bei der Gruppe um vierzehn Personen, hauptsächlich Wissenschaftler, die die Besatzung der Stützpunkte bildete. Sicher hatten sie die eine oder andere Flinte dabei, um mal einen Pinguin zu schießen, aber sonst waren sie unbewaffnet.

Auch wurden sie von niemandem vertrieben, sondern blieben – in wechselnder Besatzung – bis Februar 1946 in ihren Stützpunkten. Und dann wurden sie ganz banal vom Personal des *Falkland Islands Dependencies Survey* abgelöst.

Britische Wissenschaftler der Operation Tabarin bei ihrer Arbeit in der Antarktis. Die wenigen Waffen, die sie dabei hatten, dienten der Jagd und der Selbstverteidigung.

Einer der insgesamt drei Stützpunkte der Operation. Hier handelt es sich um die „Base A" in Port Lockroy.

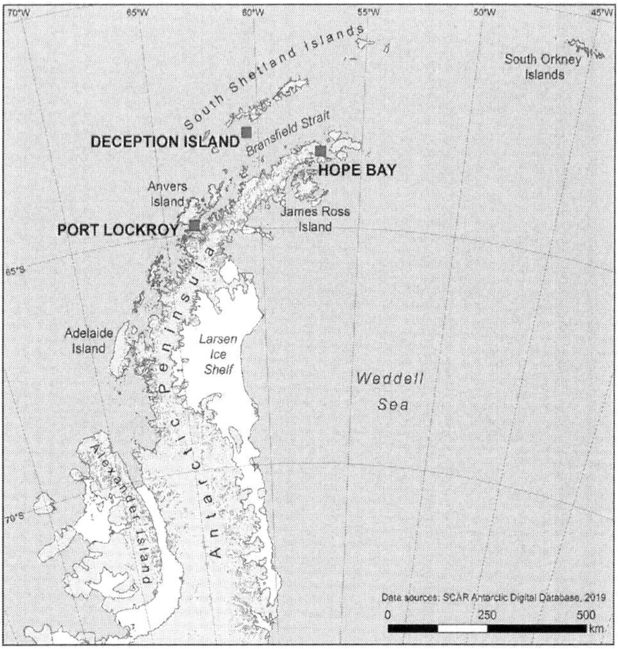

Die Stützpunkte Port Lockroy, Deception Island und Hope Bay liegen gut 3000 Kilometer von Neu-Schwabenland entfernt.

Und außerdem muss man noch dazu sagen, dass das Aktionsgebiet der Operation Tabarin gut 3000 Kilometer in Luftlinie von Neuschwabenland entfernt war. Das deutsche oder norwegische Territorium östlich von ihnen interessierte die Briten in keiner Weise.

Verschwörungstheorie Nr. 3 – U-Boote vor Argentinien

Adolf Hitler, Eva Braun, Martin Borman und andere Nazigrößen entkamen per U-Boot und flohen in einem Konvoi auf die Basis Neuschwabenland. Teil dieses Konvois waren die U-Boote U-530 und U-977, die im Juli bzw. August 1945 im Hafen der argentinischen Stadt Mar del Plata auftauchten und deren Mannschaft sich dort den Behörden stellte, um der Kriegsgefangenschaft zu entgehen. Alternative: Adolf Hitler starb in Berlin und U-530 bzw. der U-Boot-Konvoi brachte seine Asche und andere Nazi-Schätze nach Neuschwabenland.

Nun, auch diese beiden Verschwörungstheorien haben einen wahren Kern. Es gab die beiden U-Boote und beide sind erst im Sommer 1945 in Argentinien aufgetaucht, weil ihre Besatzungen der Kriegsgefangenschaft in Europa entkommen wollten. Sie gingen davon aus, dass Argentinien, das immer mit den Achsenmächten sympathisiert hatte, sie freundlich aufnehmen würde. Tatsächlich hatte Argentinien unter dem damaligen de-facto-Präsidenten Brigadegeneral Edelmiro Julián Farrell allerdings als letztes Land dem Deutschen Reich noch kurz vor Kriegsende den Krieg erklärt, um deutsche Werte in Argentinien beschlagnahmen zu können.

So wurden beide Mannschaften erst einmal interniert und die Offiziere nicht nur durch argentinische Militärs, sondern auch durch US-amerikanische und britische, verhört. Durch einen Hinweis der Sowjets nahm die Frage, ob hochrangige Nazis an Bord der U-Boote gewesen seien, großen Raum ein. Allerdings konnte dies definitiv ausgeschlossen werden. Ein Abstecher nach Neuschwabenland wäre auch rechnerisch mit den Füllständen der Tanks nicht vereinbar gewesen. Zudem darf nicht vergessen werden, dass die U-Boote im antarktischen Winter nach Neuschwabenland gekommen wären. Dann gibt es mehrere hundert Kilometer breites

Schelfeis vor der Küste der Antarktis, das von den U-Booten nicht hätte unterfahren werden können.

Schauen wir uns die beiden Fälle einmal genauer an und beginnen mit der U-530.

Am 19. Februar 1945 lief das Boot von Kiel aus in Richtung US-amerikanische Ostküste und es kam New York so nahe, dass der Kommandant Otto Wermuth einzelne Autos und Häuser erkennen konnte. Dort erreichte ihn auch der Befehl von Großadmiral Dönitz, die Kampfhandlungen abzubrechen und die Schiffe den Alliierten zu übergeben.

Dem Befehl des Großadmirals leistete U-530 nicht Folge, sondern machte sich in Richtung Mar del Plata auf den Weg. Warum sich Wermuth hierfür entschied, konnte nie ganz geklärt werden. Der Kommandant betonte aber immer, dass er diese Entscheidung im Einvernehmen mit seinen Offizieren und dem größten Teil der Mannschaft getroffen hat.

Im Verhörprotokoll Wermuths heißt es dazu: „Während dieser Zeit [7. Mai 1945] wurden zwei Luftschiffe und ein Flugzeug im Periskop gesehen, und mehrere Fliegerbomben fielen ziemlich nahe am U-Boot. An diesem Punkt wurde entschieden, sich vom Einsatzgebiet abzuwenden und zu versuchen, den Funkkontakt wiederherzustellen. Der Oberflächenempfang wurde am 15. oder 16. Mai versucht. Ein offenes deutsches Signal wurde empfangen, welches die intakte Übergabe von U-Booten forderte, aber wegen der Unterschrift ‘B.d.U.op’ statt ‘F.d.U. West’ oder ‘Ob.d.M.’, wie sonst üblich, nicht für echt gehalten wurde. Der kommandierende Offizier entschied sich nach einigen Diskussionen mit den anderen Offizieren dafür, das für neutral gehaltene Argentinien anzusteuern. Er und die anderen Offiziere waren davon überzeugt, dass die Lage in Deutschland aussichtslos war. Nur eine kleine Minderheit der Mannschaft befürwortete die Kapitulation. Diese konnte sich aber nicht durchsetzen. Für den Großteil der Mannschaft war die Vorstellung, in Argentinien interniert zu werden oder sich dort sogar dauerhaft niederzulassen, sehr reizvoll. So wurden die fünf verbliebenen Torpedos abgeworfen, nur ein beschädigter verblieb im Rohr. Auch die restliche Munition und die Geheimpapiere wurden über Bord geworfen. U-530 ging nun auf südöstlichen Kurs und passierte Bermuda in weniger als 100 Meilen Entfernung. Die Äquator-Passage fand wohl Mitte Juni statt. Am Abend des 9. Juli 1945 befand man sich in Sichtweite von Mar del Plata. Hier befahl der kommandiere Offizier, die Dieselmotoren 15 Minuten lang mit hoher Geschwindigkeit ohne Vollschmierung fahren zu lassen. Zur Sicherheit wurde noch ein halber Liter Batteriesäure in das Schmierölsystem gegeben, damit die Sabotage offensichtlich wurde. Am nächsten Morgen lief U-530 mit letzter Motorkraft in Mar del Plata ein."[12]

Das *Time*-Magazin beschreibt das Einlaufen von U-530 etwas lyrischer: „Vor der U-Boot-Basis im noblen Mar del Plata tuckern Fischer durch die winterlich-neblige argentinische Morgendämmerung. Aus der grauen Dunkelheit taucht die Masse eines großen U-Bootes auf. Seine Motoren schweigen, es rollt sanft mit den Wellen. Kurz vor Tagesanbruch setzt sich das U-Boot in Bewegung und gleitet lautlos durch den schmalen Eingang des Marinestützpunktes. Das U-Boot saust an einer Wache vorbei, die mit dem Rücken zum Meer steht, und blinkt ein Kapitulationssignal an den Kontrollturm. Dem deutschen U-Boot U-530 mit Skipper Leutnant Otto Wermoutt, war tatsächlich der Überraschungseffekt gelungen."[13]

Es war damals üblich, dass im Falle einer Kapitulation Waffen, Unterlagen und Maschinen entweder weggeworfen

---

12 „U-boat Archive – U-530 – Interrogation Report", zugegriffen 10. Februar 2022, http://www.uboatarchive.net/U-530A/U-530INT.htm. (Übers. Scholz)

13 „ARGENTINA: U-530", in: Time, 23. Juli 1945, http://content.time.com/time/subscriber/article/0,33009,803598,00.html. Die falsche Schreibweise von Wermuths Namen hat sich die *Time*-Redaktion ausgedacht.

Die U-530 nach ihrem Einlaufen in Mar del Plata. Nach dem Verlassen der deutschen Mannschaft wurde das Boot von einem Kommando der argentinischen Marine durchsucht.

oder unbenutzbar gemacht wurden. Man wollte dem Feind ja nichts Brauchbares in die Hände fallen lassen. So verwundert es auch nicht, dass das Bordgeschütz irgendwo auf dem Weg nach Argentinien über Bord ging. Auch US-amerikanische oder britische Seeleute handelten in ähnlichen Situationen so.

Eine weitere Verschwörungstheorie, die nach dem Einlaufen der U-530 bald aufblühte, war, dass es an Bord eine Meuterei gegeben haben soll. Allerdings gab es für solche Vorgänge keinerlei konkrete Hinweise. Eine Fahrt wie die von U-530 hätte Oberleutnant Wermuth nie ohne vollkommenen Rückhalt der Mannschaft antreten können. Auch die Behauptung, dass sich ein anderer Seemann (oder gar ein Agent) als Wermuth ausgegeben hätte, wurde laut, aber spätestens seit der Oberleutnant nach der Rückkunft nach Deutschland von seiner Familie mit offenen Armen empfangen wurde, ist dies wohl widerlegt.

Und dass hochrangige Nazis nicht an Bord gewesen sein können, erklärt sich schon daraus, dass U-530 am 3./4. März 1945 den deutschen Machtbereich verlassen hatte. Zu diesem Zeitpunkt wurden Hitler, Braun, Bormann etc. noch in Berlin von unzähligen Zeugen gesehen. Und wie sollen solche Passagiere Anfang Mai, als das Boot nachweislich schon vor der US-amerikanischen Ostküste operierte, an Bord gekommen sein? Also kann man auch diese Annahme ad acta legen.

Eine Behauptung, die Admiral Jorge Dodsworth Martins aufstellte, besagte, dass U-530 die *Bahia*, einen brasilianischen Kreuzer, am 4. Juli 1945 in der Nähe des Sankt-Peter-und-Sankt-Pauls-Felsens versenkt hätte. Dies konnte jedoch leicht widerlegt werden, denn U-530 hätte unter keinen Umständen am 4. Juli am Versenkungsort und am 10. Juli bereits in Mar del Plata hätte sein können. Auch U-977 wurde später der gleiche Vorwurf gemacht. Aber eine Untersuchungskommission aus brasilianischen und us-amerikanischen Marineoffizieren kam zu dem Ergebnis, dass der Untergang der *Bahia* auf technische Defekte auf Grund mangelnder Wartung zurückgeht.

Das andere U-Boot, die U-977, das den Weg nach Argentinien gesucht hatte, erreichte Mar del Plata am 17. August 1945, nachdem das Boot am 2. Mai 1945 von Kristiansand in Süd-Norwegen aus in See gestochen war. Als die deutsche Kapitulation am 8. Mai über Funk einging, befand sich U-977 unter dem Kommando von Oberleutnant Heinz Schaeffer auf der Höhe der Stadt Bergen. Es gab lange Diskussionen innerhalb der Besatzung, wie es nun weitergehen sollte. Schaeffer ließ daraufhin ganz demokratisch abstimmen, ob man sich in Norwegen ergeben solle oder in Argentinien. 30 Besatzungsmitglieder stimmten für Argentinien, 16 für Norwegen und 2 für Spanien. Also setzte man die 16 Männer, die sich in Norwegen ergeben wollten, am 10. Mai, mitten in der Nacht, vor der Inseln Holsnøy in Schlauchboote und ließ sie an Land paddeln. Bei den 16 handelte es sich hauptsächlich um Unteroffiziere, die Familienväter oder verheiratet waren. Nachdem die Gruppe dann an Land gegangen war, meldete sie sich beim britischen Militär, woraufhin sie in Kriegsgefangenschaft kamen. Hierbei gaben sie an, dass die U-977 auf eine Mine gelaufen und gesunken sei. Dies wurde in den Akten auch so vermerkt und keiner machte sich mehr Gedanken um das U-Boot. Dadurch konnte die an Bord verbliebene Mannschaft unbehelligt ihren Weg nach Argentinien einschlagen.

Von der Fahrt nach Argentinien versprach sich jeder der Seeleute etwas Anderes. Einige wollten nur der Kriegsgefangenschaft entgehen, andere wollten sich dauerhaft in Südamerika ansiedeln und dort Familien gründen.

Es blieben 32 Seeleute an Bord, die sich Richtung Mar del Plata auf den Weg machten. 66 Tage lang blieb U-977 auf Tauchfahrt. Tagsüber auf 50 Meter Tiefe und nachts auf Schnorchelfahrt auf 14 Meter. Nach diesen 66 Tagen ging man dazu über, nur noch tagsüber auf Tauchfahrt zu gehen, während man nachts aufgetaucht fuhr. Schließlich wurde gar nicht mehr auf Tauchfahrt gegangen. Hierfür tarnte man das Boot als kleinen Kohlendampfer.

100 Tage dauerte die Fahrt, die am 17. August 1945 in Mar de la Plata endete. Bei der Befragung durch die argentinischen und alliierten Militärbehörden sagte Schaeffer Folgendes aus: „Als wir unsere Patrouille begannen, war auf allen Marineeinrichtungen und Schiffen ein amtlicher Slogan angebracht, der besagte: Der Feind soll in Deutschland nichts als Ratten und Mäuse finden. Wir werden niemals kapitulieren. Lieber Tod als Sklaverei. Zu bedenken ist, dass der Funkempfang an Bord von U-977 nur sporadisch war, da wir aus taktischen Gründen nur gelegentlich in Schnorcheltiefe kamen. Es waren jedoch genügend Signale eingegangen, so dass ich keine Vorgesetzten mehr hatte und von meinem Eid entbunden wurde. Jedenfalls fühlte ich mich ohne direkte Befehle meiner Regierung nicht verpflichtet, feindliche Befehle anzunehmen. Ich betrachtete mein Schiff nicht mehr als Kriegsschiff, sondern als Fluchtweg und versuchte, im besten Interesse aller an Bord zu handeln. Ich habe die Wünsche meiner Besatzungsmitglieder respektiert, soweit sie das Schiff nicht gefährdeten oder beschädigten. Einer meiner

Hauptgründe für die Entscheidung, nach Argentinien zu gehen, war die deutsche Propaganda, die behauptete, die amerikanischen und britischen Zeitungen hätten dafür plädiert, alle deutschen Männer am Ende des Krieges zu versklaven und zu sterilisieren. Ein weiterer Aspekt war die schlechte Behandlung und die lange Verzögerung bei der Heimkehr deutscher Kriegsgefangener, die am Ende des Ersten Weltkriegs in Frankreich festgehalten wurden.

Dann natürlich wieder die Hoffnung auf bessere Lebensbedingungen in Argentinien. Es war absolut meine Absicht, das Boot unbeschädigt in die Hände der Alliierten zu übergeben und gleichzeitig mein Bestes für meine Besatzung zu tun. Ich hatte das Gefühl, dass die Schiffsmotoren ein wertvolles Hilfsmittel beim Wiederaufbau Europas sein könnten. Ich habe diese Absichten ausgeführt und das Boot in einwandfreiem Zustand übergeben.“[14]

Nachdem Heinz Schaeffer, Kommandant der U-977, immer wieder mit den Gerüchten konfrontiert wurde, er hätte Hitler und seinen Anhang nach Neuschwabenland gebracht, verfasste er einen detaillierten Fahrtbericht, der 1950 unter dem Titel *U-977 Geheimfahrt nach Südamerika* erschien. Allein, ihm gelang es nicht, die Gerüchte zu zerstreuen. Schaeffer wurde von den Verschwörungsanhängern einfach nicht geglaubt.

Übrigens, für beide U-Boote gilt, dass die von den Kommandanten angegebenen Geschwindigkeiten und Fahrtrouten sowohl zeitlich als auch von den Dieselresten in den Tanks her übereinstimmten.

Die ganze Geschichte mit Hitler, seiner Flucht in einem U-Boot und seinem Überleben in Neuschwabenland hat sich der in Argentinien lebende Ungar Ladislas Szabó ausgedacht. Er ist mit seinem 1947 erschienenen Buch *Hitler esta*

14 „U-boat Archive – U-977 – Interrogation Report“, zugegriffen 10. Februar 2022, http://www.uboatarchive.net/U-977A/U-977INT.htm. (Übers. Scholz)

Die arg ramponierte U-977 im Hafen von Mar del Plata.

vivo quasi einer der Urväter dieser Verschwörungstheorie. Aber Heinz Schaeffer hatte bereits 1950 recht deutlich dargestellt, dass es sich bei Szabos Buch um die Phantastereien eines Laien handelt, der über keinerlei Seefahrtskenntnisse verfügt. Der genaue Wortlaut war: „Schlußfolgerungen von jemanden, der von U-Booten genau so viel Ahnung hat, wie ein Eskimo von Zentral-Afrika."

Da Adolf Hitler, Eva Braun und Martin Bormann nachweislich und nach Knochenuntersuchungen eindeutig belegt, während des „Endkampfes um Berlin" entweder getötet wurden oder Suizid begingen, und ihre Leichen in Berlin aufgefunden wurden, kann man wohl sagen, dass Herr Szabo sich geirrt hat.

Verschwörungstheorie Nr. 4 – Die Hohlwelt

Die Welt ist im Inneren hohl und irgendwo in Neuschwabenland existiert ein Zugang zu dieser unterirdischen Hohlwelt. Dort befindet sich dann der tatsächlich riesige Stützpunkt mit großem U-Boot-Hafen, Flughafen, Werften, Labors, Wohnsiedlungen und einem echt tollen Kaugummiautomaten.

Die „Hohle Welt" ist eine in der Verschwörungsszene so tief verwurzelte Erzählung, dass sie quasi omnipräsent ist. Was nicht alles in der Hohlwelt zu finden ist, von Nazis, einer oder zwei Sonnen über eine eigene Menschenrasse hin zu Außerirdischen. Wahrscheinlich landen da auch sämtliche verschwundenen Socken.

Für das Aussehen bzw. die Beschaffenheit dieser „inneren Welt" gibt es zahlreiche Vorstellungen. Gleich ist ihnen allerdings, dass die beiden „Haupteingänge" an den Polen liegen – was natürlich wieder eine Brücke zu Neuschwabenland schlägt.

Die Hohlwelttheorie hat auch zahlreiche Schriftsteller inspiriert, so Edgar Allan Poe mit seinem *Arthur Gordon Pym*, Edgar Rice Burroughs mit seinen *Pellucidar*-Romanen und natürlich Jules Verne mit seinem Klassiker *Reise zum Mittelpunkt der Erde*.

Diese Theorie bekommt in der Gruppe der Verschwörungsgläubigen einen quasi „amtlichen" Stellenwert, weil sie vom großen Astronomen Edmond Halley entwickelt wurde und von Wissenschaftlern wie John Leslie oder Leonhard Euler aufgegriffen wurde.

Dass bereits erste Untersuchungen aus dem 19. Jahrhundert diese Theorie widerlegten und sie durch die dänische Seismologin Inge Lehmann den Todesstoß erhielt, wird von den Anhängern dieser Theorie komplett ignoriert.

Inge Lehmann war die Leiterin der seismologischen Abteilung des dänischen Geodætisk Instituts in Kopenhagen und hat als erste nachweisen können, dass der innere Erdkern

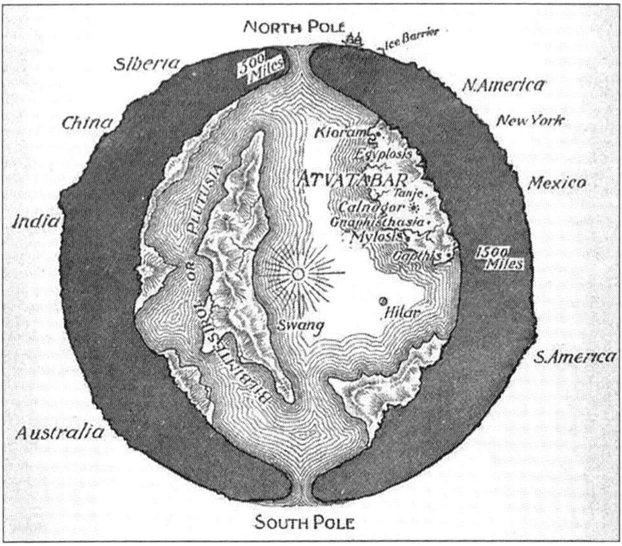

Ende des 19. Jahrhunderts war die Hohlwelttheorie in den USA recht bekannt. Diese Zeichnung stammt aus dem 1892 erschienenen Science-Fiction-Roman The Goddess of Atvatabar *von William R. Bradshaw.*

eine feste, wahrscheinlich aus Metallen bestehende Masse ist. Dies widerlegte einmal die bis dahin vorherrschende Annahme, dass der Erdkern flüssig sei, und außerdem konnte aufgezeigt werden, dass es unterhalb der Erdkruste keine größeren Hohlräume gibt.

Eine Abart der Hohlwelttheorie ist die so genannte „Innenwelttheorie“, nach der wir es sind, die an der Innenseite einer hohlen Kugel leben würden. Einige Verschwörungsgläubige versteigen sich sogar in die Behauptung, dass die V-Raketen des Dritten Reiches deshalb nicht funktioniert hätten, weil die Konstrukteure ihre Berechnungen auf eine konkave statt einer konvexen Erdoberfläche stützten.

Ausgedacht hat sich die ganze Sache der US-amerikanische Arzt Cyrus Reed Teed (1839–1908) im Jahr 1869. Damals forschte er an der Erschaffung des „Steins der Weisen“, also der Transformation von Blei in Gold. Im Laufe dieser Experimente erhielt er einen Stromschlag und während er bewusstlos war, behauptete er eine „Erleuchtung“ gehabt zu haben. In dieser Erleuchtung sei ihm Gott in Gestalt einer schönen Frau erschienen und habe ihm eben gezeigt, dass wir auf der Innenseite einer Hohlkugel leben würden. Die Sonne sei eine unsichtbare, elektromagnetische Energiequelle und der Mond und die Planeten seien nur Reflexionen des Lichtes. Schon zu seinen Lebzeiten wurde Teeds Theorie von der Wissenschaft nicht ernst genommen, was sich bis heute nicht geändert hat.

Widerlegt wurde die Innenwelttheorie durch die Raumfahrtmissionen, die seit den 1950er Jahren durchgeführt wurden und genau das Gegenteil von Teeds Behauptungen zeigten. Die endgültige Widerlegung erfolgte dann am 14. September 1959 um 00:02:24 Uhr Moskauer Zeit, als die sowjetische Raumsonde Luna 2 wie geplant zwischen den Kratern Autolycus und Archimedes auf dem Erdmond aufschlug. Wäre der Mond eine reine Projektion gewesen, wie Teed annahm, wäre die Luna 2 höchstens hindurchgeflogen.

Sowohl die Hohlwelttheorie, als auch die Innenwelttheorie haben sich also restlos überlebt.

Verschwörungstheorie Nr. 5 – Aliens aus Aldebaran

Auf dem Stützpunkt Neuschwabenland arbeiten die Nazi-Wissenschaftler mit Außerirdischen vom Planeten Aldebaran zusammen, um neue (Waffen-) Technologien zu entwickeln.

Die Frage, ob es intelligentes Leben in den Weiten des Alls gibt, bewegt die Menschen schon seit Jahrtausenden. Bereits Plutarch hat in seiner Schrift *Das Mondgesicht* hierüber spekuliert. Von daher ist dies kein Thema, das man so einfach abtun sollte. Die Universitäten von Berkeley und Harvard sowie das SETI[15]-Institut in Mountain View oder die NASA und die ESA betreiben Forschungen auf diesem Gebiet. Und selbst die Päpstliche Akademie der Wissenschaften beschäftigte sich anlässlich des „Jahres der Astronomie“ 2009 mit diesem Thema.

Und rein rechnerisch gibt es eine noch nicht mal so niedrige Wahrscheinlichkeit, dass in unserer Galaxis weiteres intelligentes Leben existiert. Während einer Konferenz in Green Bank (USA) wurde von dem Astrophysiker Franz Drake die nach ihm benannte „Drake-Gleichung“ aufgestellt. Er kam damit bei der Frage, wie viele technisierte Zivilisationen es wohl in unserer Galaxie geben könnte auf optimistische 150. Carl Sagan, der bekannte Astronom und Exobiologe, ging allerdings nur von zehn technisierten Zivilisationen aus.

„1950 hat der Physiker und Nobelpreisträger Enrico Fermi bei Überlegungen zur Wahrscheinlichkeit außerirdischen Lebens das sogenannte Fermi-Paradoxon formuliert. Der Grundgedanke des Fermi-Paradoxons ist folgender: Wenn es in der Milchstraße eine Zivilisation gibt, die zu interstellarer Kolonisation fähig ist, dann könnte sie die gesamte Galaxis innerhalb von 5-50 Millionen Jahre vollständig kolonisieren.

15 SETI steht für Search for Extraterrestrial Intelligence.

Die Milchstraße ist erheblich älter als 50 Millionen Jahre. Daher sollten überall in unserer Galaxie außerirdische Nachbarzivilisationen existieren. Bisher konnte jedoch kein Hinweis auf außerirdische Zivilisationen gefunden werden, was ein Widerspruch zur Annahme ist, dass es technisch fortgeschrittene Zivilisationen gibt.“[16]

Nun, die Menschheit tut auch alles Mögliche, um diese technisierten Zivilisationen zu finden. Seit 1962 („The Morse Message“ Richtung Venus) wurden 24 Radiosignale ins All geschickt, dazu kommen noch die Raumsonden Voyager 1 und Voyager 2 sowie Pioneer 10 und Pioneer 11, an denen jeweils Datenplatten angebracht waren.

Auf keines dieser Signale kam je eine Antwort. Sollte es da draußen tatsächlich intelligentes Leben geben, so ist es entweder nicht sehr interessiert an uns oder es ist noch nicht so weit, um etwas mit unseren Signalen anfangen zu können.

Wie sieht es nun speziell mit dem Aldebaran aus? Der Aldebaran liegt in einer Gegend unserer Galaxie, die nicht zu den so genannten habitablen Zonen des Weltalls gehört. Dies bedeutet, dass die Lebensumstände auf dem Planeten so unwirtlich sind, dass die Entwicklung intelligenten Lebens nicht möglich ist. Der bekannte Astronom der Ludwigs-Maximilians-Universität München, Prof. Dr. Harald Lesch, hat sich in einer Ausgabe seiner TV-Sendung *Alpha Centauri* intensiv mit dem Aldebaran beschäftigt. Sein Fazit lautete: „Mit dem Leben von Aldebaran wird es nichts werden!“

Wo kommen nun die ganzen Erzählungen mit den Aldebaranern her? Nun, sie haben durchaus einen festen Platz in der Science Fiction. Beispielsweise in der 1959 erschienenen Kurzgeschichte *Invasion vom Aldebaran* des polnischen Autors Stanislaw Lem. Auch in der TV-Serie *Raumschiff*

16 Wissenschaftlicher Dienst des Bundestages. „Die Suche nach außerirdischem Leben und die Umsetzung der VN-Resolution A/33/426 zur Beobachtung unidentifizierter Flugobjekte und extraterrestischen Lebensformen“. Berlin, 2009.

Enterprise (Star Trek) tauchen die Aldebaraner auf. Heinrich von Stahl schrieb einen achtbändigen Romanzyklus mit dem Titel *Aldebaran.*

Es war aber der extrem rechte Autor Jan Udo Holey, besser bekannt als Jan van Helsing, der die Aldebaraner und die Nazis zusammenmengte. In seinen Büchern *Geheimgesellschaften* I und II führt Holey hauptsächlich aus, wie die Außerirdischen die Nazis beim Bau von Flugscheiben und Wunderwaffen angeleitet hätten. In seinem Buch *Unternehmen Aldebaran* schmückt er die Geschichte noch weiter aus.

So hätten die Aldebaraner die Erde vor 735.000 Jahren besucht, um hier Kolonien zu gründen. Durch die Kopulation mit den anwesenden Urmenschen (es dürfte sich hier um Homo erectus oder Homo Heidelbergensis gehandelt haben), soll es zur Entstehung von unterschiedlichen Menschenrassen gekommen sein. Kurz darauf verließen die Aldebaraner die Erde wieder. Wahrscheinlich eine frühe Form des Unterhaltsbetrugs.

In der ersten Hälfte des 20. Jahrhunderts hätten die Aldebaraner dann wieder Kontakt mit den Menschen gesucht. Ihre Wahl sei laut Holey „natürlich" auf die Deutschen gefallen, weil diese durch ihre zahlreichen Entdeckungen und Errungenschaften über den anderen Völkern stünden. Deswegen hätten die Deutschen auch als einziges Volk die Pläne für die Flugscheiben umsetzen können.

Der Verschwörungstheoretiker Dr. Axel Stoll (siehe Seite 84-87) wiederum ging davon aus, dass die Aldebaraner von den Ariern abstammten und die Erde beherrschten. Für sie soll unser Planet eine Strafkolonie sein.

Was steckt nun hinter den Geschichten um die Aldebaraner? Armin Pfahl-Traughber, Soziologe und Politikwissenschaftler, führte aus, dass es sich hierbei um eine neue Variante der jüdischen Weltverschwörung handelt, aber auch um eine indirekte moralisch-politische Entlastung des historischen Nationalsozialismus.

Abschließend sei noch angemerkt, dass die Behauptungen, die Holey und Stoll aufgestellt haben, von diesen nie mit irgendwelchen Beweisen untermauert wurden. Es blieb immer nur bei den Behauptungen.

Verschwörungstheorie Nr. 6 – Die Reichsflugscheiben

Im Stützpunkt Neuschwabenland gibt es ausgedehnte Labore, in denen Nazi-Wissenschaftler, teilweise gemeinsam mit Außerirdischen vom Planeten Aldebaran oder von den Plejaden, Flugscheiben entwickeln und bauen, die sowohl unter Wasser, als auch im Weltall flugfähig sind, enorme Geschwindigkeiten erreichen und sich bis zur Unsichtbarkeit tarnen können. Hierzu gehören die Haunebu *Modelle I bis IV oder die* Jenseitsmaschine.

Es gibt Verschwörungstheorien, die in sich folgerichtig sind, auch wenn ihre Grundannahme falsch ist. Und auch die verschiedenen Verbreiter verfolgen, bis auf kleinere Details, die gleiche Geschichte. Bestes Beispiel ist die Theorie über die beiden U-Boote in Südamerika, deren Anhänger sind sich alle recht einig.

Bei den Flugscheiben geht aber alles drunter und drüber. Teilweise widersprechen sich Autoren in einem Aufsatz mehrfach selbst. Dann widersprechen sich die Autoren gegenseitig. Es ist zum Haare raufen. Und dadurch, dass sich die Verschwörungserzählung auch äußerst fein verästeln, wird die ganze Geschichte nicht übersichtlicher, im Gegenteil, dies macht die Beschäftigung mit diesem Verschwörungskomplex so anstrengend. Deswegen sollen hier nur die „Hauptströmungen“ behandelt werden, also diejenigen Erzählungen, die am weitesten verbreitet und somit am bekanntesten sind.

Was sollen diese „Reichsflugscheiben“ nun sein?

Angeblich sind es Kreisflügler, also Urtypen der klassischen „Fliegenden Untertasse“. Tatsächlich soll es sich auch bei den Sichtungen, die zur UFO-Hysterie der 1950er Jahre führten, um die Flugscheiben aus Neuschwabenland gehandelt haben.

Die Eigenschaften, die diesen Scheiben zugeschrieben werden, sind abenteuerlich. So sollen sie mit Geschwindigkeiten von bis zu 500.000 km/sec in der Atmosphäre und mit der fünffachen Lichtgeschwindigkeit im Weltall fliegen können. Außerdem sollen sie „Dimensionskanäle" schaffen können, mit denen man auch größte Entfernungen in kürzester Zeit überwinden könnte. So würde ein Flug zum mehrere tausend Lichtjahre entfernten Aldebaran nur eine Sache von wenigen Stunden werden.

Als Beispiel einer Beschreibung soll die für die *Vril 7*-Flugscheibe hier wiedergegeben werden:

Durchmesser = 45 Meter.
Höhe =15 Meter; einstöckige Raumschiffpiloten- und Passagierzelle oben.
Antrieb = Triebwerk Y-7/0,
Horizontaldurchmesser 58 m, mit SM-Levitator E-24 V., und Y-Schwing-Glocke verstellbar,
Höhe 140 cm, Breite 50 x 70–90 x 50 cm.
Steuerung = Magnet-Feld-Impulser 4a.
Geschwindigkeit = maximal Fastlichtgeschwindigkeit = ca. 500.000 km/sec., im normalkosmischen Antigravitationsraumflug; 5 x Lichtgeschwindigkeit = ca. 900 000 km/sec. = Dreifachüberlichteffekt im überräumlichen Dimensionskanalflug.
Reichweite = rein theoretisch unbegrenzt

Bewaffnung
4 x Mk-108-Drillingsbatterien
4 drehbare Geschützhalterungen mit je 5 gebündelten Maschinenkanonen
Kaliber 5 cm, Schussfolge 660 Schuss je Mk-108;
2 x Mk-108 Drillingsbatterien an der Raumschiffoberseite,
2 x Mk-108-Drillingsbatterien an der Raumschiffunterseite;
vorübergehende Montage eines KSK-„Donar"-Strahlgeschützes Kaliber 11 mm im Experimentalstadium in einem schmalen Panzerturm an der zentralen Raumschiffunterseite leicht seitlich versetzt;
Fernsteuerung aller Geschütze an der Raumschiffunterseite.

Außenpanzerung = Doppel-Viktalen-Panzerung 1945/44, Dreischott-Viktalen-Panzerung 1944/45.
Besatzung = maximal ca. 14 Mann, 2 Mann bei Test Januar 1944.
Weltallfähigkeit = 100%.
Stillschwebefähigkeit = vermutlich ca. 25 Minuten wie bei Haunebu-III.
Allgemeines Flugvermögen = wetterunabhängig Tag und Nacht.

Grundsätzliche Einsatztauglichkeit im Januar 1944 erster Dimensionskanal-Testflug bei einigen Stunden Bordzeit und einigen Monaten Erd.- und Universumszeit mit Rückkehr in stark beschädigtem Zustand, da sich die Raumschiffzelle als zu schwach gebaut erwies, wonach Vril-7 nach einer Generalüberholung mit Zellenverstärkung und zusätzlichen Verkleidungen bis zur Übergabe an die SS im April 1945 nur mehr für Geheimtransporte auf der Erde verwendet wurde. Sowohl konstruktiv als auch antriebsmäßig war das Vril-7 nur eine stark vergrößerte Version des Vril-1. Ob jedoch auch Vril-1 so wie Vril-7 zu einer Dimensionskanalreise fähig war, ist unbekannt.[17]

Diese Beschreibung stammt aus einem PDF-Manuskript, das in zahlreichen Verschwörungsforen zirkuliert. Die Informationen stammen angeblich aus „SS-Geheimarchiven“, geben aber keinen Autor, Forscher oder Ingenieur an, der diese Beschreibung verfasst haben soll. Letztendlich sind es damit auch nur unbewiesene Behauptungen.

Für solche Leistungen benötigt man natürlich viel Energie, aber auch dafür haben sich die Verschwörungstheoretiker etwas ausgedacht. So sollen sie mit einem alternativen Antrieb, der sich der „freien Energie“ bedient, angetrieben werden. Hierfür sollen solch obskure Gerätschaften wie die „Schauberger Turbine“, „Tachyonenkonverter“, „Skalarwellen“, „Vril-Kraft“, der „Haunebu-Antrieb“ oder die „Nullpunktenergie“ genutzt worden sein.

Entwickelt wurden die Flugscheiben, je nach Quelle, durch verschiedene Personen. Im Rennen sind Willy Messer-

17 Frank Henrich, „Flugscheiben“ (PDF-Manuskript, ohne Ort, ohne Jahr).

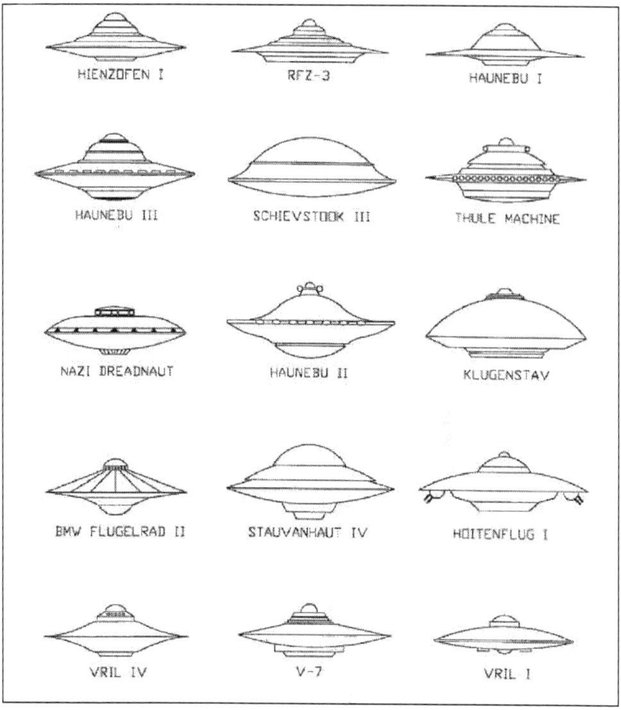

Die Anhänger der Reichsflugscheibentheorie dachten sich eine Vielzahl von Modellen aus, die es angeblich geben soll. Allen ist aber die typische Form der „Fliegenden Untertasse" gemein.

schmitt, Wernher von Braun, Winfried Otto Schumann oder Andreas Epp. Genannt werden häufig aber auch Personen, deren Existenz nie nachgewiesen werden konnte. Auch wird hier immer wieder sehr detailreich davon erzählt, wie Außerirdische die Nazi-Ingenieure unterstützten. Diese Außerirdischen sollen entweder vom Aldebaran oder von einem Planeten im Sternenhaufen der Plejaden stammen. Hier kommt es hauptsächlich darauf an, welcher Film bzw. welche TV-Serie gerade zu sehen war und Inspirationen lieferte. Ganz besonders auffällig war dies, als noch die Mystery-Serien *Akte X* oder *Dark Skies* ausgestrahlt wurde, und Teile der einzelnen Folgen dann in den Erzählungen der Verschwörungsgläubigen auftauchten oder in deren Foren diskutiert wurden.

In den Manuskripten und auf den Internetseiten der Verschwörungstheoretiker ist von den verschiedensten Flugscheibenmodellen die Rede. Die bekanntesten Modelle sind die der *Haunebu*-Baureihe, von der es drei Ausführungen geben soll, und die der *Vril*-Baureihe (Modell I bis VII).

Weiters ist die Rede von den Modellen *Hienzofen*, *Schievstook*, *Thule*, RFZ, *Klugenstav*, *Stauvenhaut* (I–IV), *Hoitenflug* und dem *BMW Flügelrad*, um nur einige zu nennen. Der Phantasie der Verschwörungsgläubigen sind hier keinerlei Grenzen gesetzt.

Das Problem bei der ganzen Geschichte ist nur, dass es für all diese Behauptungen keinerlei Nachweis gibt. In keiner Akte der angeblich beteiligten Organisationen, sei es die SS, sei es die Kriegsmarine, sei es die Organisation Todt konnte auch nur die kleinste Notiz gefunden werden, in denen Rundflügler, Haunebus, Vril-Jäger oder ähnliche Gerätschaften erwähnt wurden.

Die Zeichnungen und vermeintlichen Konstruktionspläne stammen alle aus der Nachkriegszeit, was anhand von Schreibmaschinentypen, Tinten oder Papier zweifelsfrei nachgewiesen werden konnte.

Wann die „Reichsflugscheiben" aber der deutschen Öffentlichkeit erstmals bekannt wurden, wissen wir ziemlich genau. Es war der 30. März 1950, ein Donnerstag. Und es war ein Artikel im Nachrichtenmagazin *Der Spiegel* mit dem Titel „Sie fliegen aber doch".[18]

Hintergrund des Artikels war die seit Juni 1947 in den USA anhaltende UFO-Hysterie. Damals hatte der Privatpilot Kenneth Arnold angeblich über dem Mount Rainier meh-

18 „Sie fliegen aber doch", in: Der Spiegel 1950, Nr. 13 (30. März 1950), S. 33-35 (keine Autorennennung).

rere unbekannte Flugobjekte gesehen. Behauptet er jedenfalls. Der kurz darauf angeblich stattgefundene „Roswell-Zwischenfall“, bei dem eine „Fliegende Untertasse“ in der Nähe der Kleinstadt Roswell abgestürzt sein soll, gab der UFO-Aufregung in den USA weiteren Auftrieb. Angeheizt wurde die ganze Sache noch von den Medien, aber auch der Werbung, die mit allerlei lustigen und nervigen Aktionen die UFO-Thematik für ihre Zwecke nutzte.

Im zweiten Teil des Artikels kommt dann der „Flugzeugbau-Ingenieur“ Rudolf Schriever (Bremerhaven-Lehe, Luisenstraße 9, II. Etage, links) zu Wort, der behauptet, 1942 in Eger „Chefpilot“ gewesen zu sein und damals einen „Flugkreisel“ konstruiert zu haben. Die Erleuchtung soll ihm gekommen sein, „als er spielenden Kindern zusah, die waagerecht rotierende Propeller von einem spiralenförmig gedrehten Flachdraht in die Luft schnellten“.[19]

Zwischen 1942 und Frühjahr 1945 will Schriever in Eger also einen solchen Flugkreisel konstruiert haben, bis dieser soweit ausgeplant war, um ihn Reichsmarschall Göring vorlegen zu können. Allerdings habe er dann, laut eigener Aussage, vor den einrückenden russischen Truppen fliehen müssen. Amüsant an dieser Stelle ist, dass Eger und der dortige Flughafen bzw. das danebenliegende Flugzeugteilewerk durch die 97th Infantry Division der US Army besetzt wurde. (Eintrag aus der Divisions-Chronik: „Cheb[20] war die erste tschechoslowakische Stadt, die von amerikanischen Truppen befreit wurde. Am 28. April griffen Einheiten des 387. Infanterieregiments, unterstützt durch Artillerie und Panzer, den Flugplatz Cheb an und sicherten ihn. Mehr als 600 Gefangene wurden in einem kurzen Einsatz gemacht. Die amerikanischen Verluste waren sehr gering.“[21] Interes-

19 Ebenda.

20 Cheb ist der tschechische Name von Eger.

21 „Welcome to the 97th Infantry Division“, zugegriffen 9. Februar 2022, http://www.97thdivision.com/historyp1.html. (Übers. Scholz)

sant ist auch, dass weder bei den beiden Jagdfliegerstaffeln noch bei der Transportstaffel noch bei den Eger Flugzeugwerken ein Rudolf Schriever in leitender oder führender Position bekannt ist.

Herr Schriever will dann in der Gartenlaube seiner Schwiegereltern weiter an dem Projekt gearbeitet haben, bis 1948 dort eingebrochen wurde und alle Unterlagen und Modelle gestohlen wurde. Seit dem *Spiegel*-Artikel wird er auch selbst immer wieder Gegenstand von Verschwörungstheorien. So soll er umgebracht worden oder in die USA entführt worden sein.

Aber die Flugscheiben-Thematik ist nicht nur auf Deutschland beschränkt. In Italien behauptete der Ingenieur und faschistische Politiker Giuseppe Belluzzo, dass er im Auftrag von Benito Mussolini an einer Flugscheibe gearbeitet hätte. Gelegentlich wurde in den diversen Internetforen auch behauptet, Belluzzo hätte am Reichsflugscheibenprojekt mitgearbeitet, dies wurde von ihm selbst aber nie behauptet. Erstmals stellte Belluzzo die Behauptung im Frühjahr 1950 auf und einige italienische Boulevard-Zeitungen berichteten teilweise recht ausführlich darüber. Die abgedruckten Zeichnungen sind auch erst zu dieser Zeit entstanden, sind die angeblichen Originalpläne doch bei Kriegsende verloren gegangen oder vernichtet worden. Auch andere Belege für seine Behauptungen konnte Belluzzo nicht vorlegen.

In einer etwas breiteren Öffentlichkeit wurde das Thema „Nazi-Flugscheiben“ bekannt, als der ehemalige SS-Mann Wilhelm Landig in seinen Romanen, die ab 1971 erschienen sind, die Flugscheiben thematisierte. Auch der Holocaustleugner Ernst Zündel (unter dem Pseudonym „Christof Friedrich“) und der chilenische Diplomat Miguel Serrano veröffentlichten Bücher zu dem Thema.

Letztendlich waren es die Verschwörungstheoretiker Jan Udo Holey (Jan van Helsing) und Dr. Axel Stoll, die durch ihre Publikationen das Flugscheibenthema in den 1990er Jahren wiederbelebte und bis in die Gegenwart am Leben hielten. Besonders Stoll ist durch seine Youtube-Videos und die daraus entstandenen Memes und Zitate wie *Wer weiß das? Wieder keiner!* oder *Muss man wissen!* oder *Wer hat hier Warsteiner bestellt?* an der Verbreitung dieses Mythos beteiligt, allerdings kann er durch seine Konnotation als verschwörungstheoretischer Hanswurst durchaus als tragische Figur gesehen werden.

Aber schauen wir uns die Sache von einer anderen Seite an. Spätestens seit der katastrophalen Schlacht um Stalingrad war selbst dem innersten Führungszirkel des Reiches klar, dass der Krieg verloren war. Lediglich Hitler selbst wollte sich dies nicht eingestehen und versuchte, noch eine Wendung herbeizuführen. Beispielsweise durch die V1- und V2-Raketen, die kaum, dass sie halbwegs flogen, bereits eingesetzt wurden.

Hätte ein Mensch wie Hitler die angeblich in der „Festung Neuschwabenland" vorhandenen Fluggeräte, die ja eine infernalische Feuerkraft gehabt haben sollen, dort in ihren Hangars gelassen oder hätte er sich nicht eher in den Kampf geworfen? Und die U-Boot-Flotte, die angeblich aus über 100 Booten bestanden haben soll? Warum hätte er die nicht ausschicken sollen?

Nun behaupten die Verschwörungsgläubigen, dass Hitler einen „Geheimplan" gehabt hätte und Deutschland absichtlich hat überrollen lassen. Doch der Zweite Weltkrieg wurde vor 77 Jahren beendet und von einem Geheimplan ist noch immer nichts zu sehen.

Man muss aber letztendlich feststellen, dass die Geschichten von den Reichsflugscheiben nichts weiter sind als Geschichten, die Alt- und Neunazis dazu dienen, eine letzte Hoffnung auf eine „Machtergreifung" zu behalten.

Exkurs: Die wahren Flugscheiben

An dieser Stelle muss nun ein Geständnis erfolgen: *Ja!* Es gab tatsächlich deutsche Flugscheiben. Hierbei handelte es sich allerdings nicht um High-Tech-Fluggeräte mit außerirdischer Technologie, sondern um Versuchsflugzeuge, denen kein besonders großer Erfolg beschieden war.

Da waren einmal die Versuchsflugzeuge des Entwicklers Arthur Sack, der zwischen 1939 und 1944 fünf Kreisflügler entwickelte, bei denen es sich allerdings nur um Modelle handelte und mit denen er die Flugeigenschaften solcher Maschinen erforschte. Dies führte ihn zu seinem ersten Prototyp der *Sack AS-6*.

Die Versuche mit dem Modell *Sack AS-6*, das von den Versuchspiloten scherzhaft „Fliegender Bierdeckel" genannt wurde, fanden 1944 auf dem Militärflughafen bei Brandis in Sachsen statt. Aber auch sehr geübte Piloten schafften es nicht, die AS-6 in die Luft zu bringen. In der einschlägigen Literatur wird nur von einigen kurzen „Hüpfern" berichtet, die das Versuchsflugzeug geschafft hat, ein Start ist nie geglückt.

Das Ende von AS-6 war dann auch recht banal. Während eines Luftangriffs wurde der Prototyp schwer beschädigt und daraufhin auseinandergenommen. Das Holz wurde für andere Bauten verarbeitet und die Metallteile kamen schnöde ins Altmetall. Mehr als die Entwurfszeichnungen und ein paar Fotos blieb nicht von der „Flugscheibe".

Außerdem gab es noch den „Focke Rochen", der ab 1944 von dem Flugzeugingenieur Henrich Focke geplant wurde. Der Rochen ist in der Literatur teilweise auch unter „Focke-Wulf Schnellflugzeug" oder „Focke-Wulf VTOL" zu finden.

Beim Focke Rochen handelt es sich um einen Nurflügler und Senkrechtstarter mit einem zentralen Koaxialrotor. Aber wie auch schon die AS-6 kam auch dieses Modell nicht über die Erprobungsphase hinaus.

Auch die US-Amerikaner und die Sowjetrussen hatten Forschungsprogramme zu Kreisflüglern, diese wurden aber alle spätestens in den 1950er Jahren ergebnislos eingestellt.

Dadurch, dass diese Kreisflügler auch einer doch recht großen Anzahl an beispielsweise Testpiloten bekannt wurden, waren sie durchaus daran beteiligt, die Erzählungen von deutschen Flugscheiben anzufachen.

Exkurs: Freie Energie

Die Freie Energie ist eines der unerschöpflichen Themen der Verschwörungsszene. Auch die Flugscheiben werden prinzipiell von alternativen Energiequellen angetrieben, deswegen wollen wir sie uns hier noch einmal genau anschauen.

Die Freie Energie ist umweltfreundlich und ohne Gesundheitsrisiken, kostenlos, unbegrenzt, immer und überall verfügbar, frei zugänglich für alle Menschen, laut den Verschwörungsgläubigen.

Begriffe, die immer wieder im Zusammenhang mit dieser Freien Energie genannt werden, jedoch von der üblicherweise gebrauchten Definition abweichen sind Skalarwellen, Tesla-Strahlen, Tachyonen, Nullpunktsenergie, Vakuumenergie, Vakuumfeldenergie, Raumenergie, Neutrinos, Casimir-Effekt oder Dunkle Energie.

Diejenigen, die an diese Freie Energie glauben, gehen davon aus, dass überall in der Natur unerschöpfliche Vorkommen von Energie vorhanden sind, die nur von den Menschen angezapft werden müssen. Hierzu sollen erdachte Geräte, beispielsweise „Tesla-Spulen“ oder ähnliches, benutzt werden. Die Funktionsweise solcher Geräte wird allerdings nirgends dargelegt.

Die entnommene Energie fließt „aus der Natur“ wieder zum Energievorkommen und füllt dieses wieder auf. Auch hier werden keine Angaben gemacht, wie dies von Statten geht. Angesprochen auf den Energieerhaltungssatz gibt es meist nur die Auskunft, dass dieser mit der freien Energie vereinbar sei, ohne weitere Ausführungen.

In Bezug auf die Reichsflugscheiben ist auf jeden Fall noch die „Forellenturbine“ zu nennen, die angeblich von Viktor Schauberger erfunden wurde. Das österreichische Bundesministerium des Innern führt die Forellenturbine in seiner Zeitschrift *Öffentliche Sicherheit* in der Rubrik „Schräge Konstruktionen“ auf. Mit dieser Forellenturbine will Schauberger unbegrenzt Energie erzeugen können.

Die Idee zu dieser Turbine kam dem Förster Schauberger bei der Beobachtung von Forellen, die in einem strömenden Gebirgsbach ruhig standen. Daher benannte er die Turbine nach dem Fisch, und auch das Design ist an die Form eines Fisches angelehnt. Wie seine anderen Erfindungen, beispielsweise die Repulsine, der Repulsator oder das Heimkraftwerk kam auch die Forellenturbine nie über das Planungs- bzw. Versuchsstadium hinaus.

Die Frage, warum eine solche Freie Energie nie wissenschaftlich nachgewiesen wurde, wird jeweils mit Verschwörungstheorien beantwortet, die die „Unterdrückung durch die Energiekonzerne“ zum Inhalt haben.

Worin liegt jetzt aber das Problem der Freien Energie? Nun, einfach darin, dass deren Theorien den grundlegenden Prinzipien der Naturwissenschaften widersprechen. Ganz besonders widerspricht die Idee der Freien Energie dem Energieerhaltungssatz.

Die Theorien zur Freien Energie gehen davon aus, dass die aus der „Natur“ entnommene Energie aus sich selbst heraus wieder ersetzt wird. Sie soll also quasi einfach nachwachsen wie ein abgeschnittener Ast an einem Baum. Und genau das ist nach dem Energieerhaltungssatz nicht möglich. Energie ist eine so genannte „Erhaltungsgröße“. Das bedeutet, dass sich in einem geschlossenen System zwar die Energieformen ändern können oder auch Energie zugeführt oder herausgenommen werden kann, aber dass es nicht möglich ist, Energie zu erzeugen oder zu vernichten. Die Summe aus potenzieller und kinetischer Energie eines Körpers ist in einem also konstant.

Eine weitere Behauptung in der Freien Energie-Szene ist, dass Maschinen konstruiert werden könnten, die mehr Energie erzeugen würden, als sie verbrauchen. Nun, diese Maschinen, oder besser der Traum von diesen Maschinen, ist schon seit langem unter dem Begriff „Perpetuum mobile“ bekannt.

Aber auch diese Maschinen können nicht funktionieren, da sie entweder gegen den ersten Hauptsatz der Thermodynamik oder den zweiten Hauptsatz der Thermodynamik verstoßen.

Den Begriff „freie Energie" gibt es in der Physik bzw. in der Thermodynamik übrigens tatsächlich. „In der Thermodynamik wird damit die Menge an Arbeit bezeichnet, die man aus einem geschlossenen System, dessen Temperatur konstant bleibt, holen kann. Es ist Energie, die frei werden kann. Aber eben keine Energie, die im esoterischen Sinne „frei", also kostenlos und unerschöpflich ist. Bis jetzt konnte noch keiner der vielen Bastler eine Maschine bauen, die einer seriösen Überprüfung standgehalten hätte", schreibt Astronom und Wissenschaftsjournalist Florian Freistetter in seiner Kolumne „So ein Schmarrn!".[22]

Zwar wäre die esoterische Freie Energie ein Segen zur Lösung der Klima- und Energiekrise, aber dieser leichte Weg bleibt uns durch die Naturgesetze verschlossen.

22 Freistetter, Florian. „Freie Energie [ˈfʁaɪ̯ə enɛʁˈgiː]", in: Der Standard. Zugegriffen 31. August 2022. https://www.derstandard.at/story/2000007990703/freie-energie-fa-enei.

Exkurs: Vril

Ein weiterer Begriff, der entweder als Organisation (Vril-Gesellschaft), als Name von Flugscheibentypen oder Energieform immer wieder auftaucht ist „Vril“. Deswegen schauen wir uns diesen Begriff und was dahinter steckt einmal genauer an.

Der schottische Autor Edward Bulwer-Lytton schrieb im Jahr 1871 einen phantastischen Roman im Stil von Jules Verne. Sein Titel lautet *The Coming Race*. In Deutschland erschien das Buch unter *Das kommende Geschlecht* oder auch *Das Geschlecht der Zukunft*. Darin unternimmt der Erzähler des Romans eine Expedition ins Innere der Erde, wo er auf die „Vril-Ya“ stößt, eine menschliche Rasse, die schon vor Jahrhunderten durch eine Naturkatastrophe unter die Erde geraten war und sich so separat entwickelt hatte. Unter der Erde fanden die Vril-Ya die Vril-Kraft, dank derer sie zu Übermenschen wurden. Sie beherrschten Telepathie, Telekinese, konnten Kranke heilen, Tote erwecken, riesige Felsblöcke bewegen, Kriege gewinnen und den Unterschied zwischen braunen M&Ms und Smarties schmecken, ohne hinzuschauen. Ein Teufelszeug.

Der Erzähler wird von den Unterirdischen entdeckt und ausführlich über die Menschen auf der Oberfläche befragt. Da er aber den Eindruck hat, dass die Informationen für einen Kriegszug benutzt werden sollen, flieht er unter gefährlichen Umständen und kann unverfolgt an die Oberfläche zurückkehren. Den Abschluss des Buches bildet eine dramatische Warnung vor der Gefährlichkeit der Vril-Ya für die Menschheit.

Das Buch hat auch einige satirische Züge und nimmt damals aktuelle Themen wie beispielsweise die gerade einsetzende Frauenemanzipation oder die Evolutionstheorie aufs Korn.

Bulwer-Lytton war ein typischer Vertreter seines Standes zur damaligen Zeit, und das bedeutete, dass er den gesell-

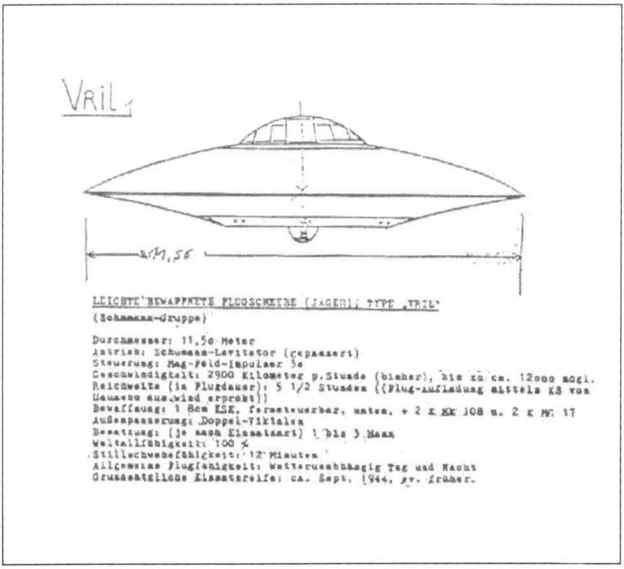

Unter den zahlreichen Modellen an Reichsflugscheiben, die es angeblich geben soll, sind neben den „Haunebu“-Scheiben die „Vril“-Typen am bekanntesten. Sie sollen durch die vollkommen fiktive „Vril-Kraft“ angetrieben werden.

schaftlichen Entwicklungen sehr skeptisch gegenüberstand. Durch die Industrialisierung geriet die alte Gesellschaftsordnung ins Wanken. Mit der Arbeiterschaft bildete sich eine vollkommen neue Schicht heraus und die Frauenbewegung, in England mit den Suffragetten sehr laut und fordernd, kam auf. Mit seinem Roman wollte Bulwer-Lytton zeigen, welche Folgen Sozialdarwinismus, Sozialismus und Feminismus hätten, wenn man ihnen zu viel Raum gäbe. Die Vril-Ya mit ihrer speziellen Vril-Kraft und ihrer Lebensart sollten als Gegenpol gesehen werden. Die Vril-Ya sollten zwar auf einen gemeinsamen Stammbaum mit den normalen Menschen zurückblicken, sich dann aber in Richtung von „Supermenschen“ entwickelt haben.

Der Begriff „Vril“ sollte wohl eine Verballhornung von „virilis“, dem lateinischen Wort für „mannhaft“ und „kraftvoll“ sein. Allerdings sah Bulwer-Lytton in Vril weniger eine mystische Kraft, als eher eine Art Elektrizität, wie er in einem Brief beschrieb:

„Da nun einige Tiere wie der Torpedo oder der Zitteraal elektrisch geladen sind und sie diese Kraft nicht anderen Körpern mitteilen können, so gehe ich von der Existenz einer Rasse aus, die mit Elektrizität geladen ist und die Kunst erworben hat, sie zu konzentrieren und zu kontrollieren, mit einem Wort, Leiter ihrer Blitze zu sein. Wenn Du irgendeinen anderen Vorschlag zur Umsetzung der Idee von einer zerstörerischen Rasse hast, würde mich das freuen. Wahrscheinlich sollte die Vorstellung des Vril noch mehr von Mesmerismus und Mystizismus befreit werden, indem es einfach als Elektrizität bezeichnet wird […]“.[23]

Obwohl es sich hierbei nur um eine Erzählung handelte, wurden Teile von ihr beispielsweise von Helena Blavatsky als wahr erachtet. Blavatsky ist die Erfinderin der Theosophie und die „Vril-Kraft“ wurde von ihr in dieses Gedankenkonstrukt eingearbeitet, wodurch diese zum einen eine gewisse Verbreitung fand und zum anderen von den Anhängern der Theosophie als Tatsache anerkannt wurde.

Dadurch, dass Bulwer-Lytton die erste Auflage seines Buches anonym veröffentlicht hatte (wegen Bedenken, dass er sich seinen Ruf ruinieren würde, wenn die Literaturkritik ein solch triviales Werk aus seiner Feder verreißen würde), gingen okkultistische Kreise davon aus, dass ein „geheimer Meister“ ihnen anonym geheimes Wissen mitteilen wollte.

Als dann bekannt wurde, dass Bulwer-Lytton der Autor war, war für die Okkultisten alles klar. Bulwer-Lytton war nämlich 1870, also ein Jahr vor dem Erscheinen von *The*

---

23 „The Coming Race“, in: *Wikipedia*, 30. Dezember 2021, https://de.wikipedia.org/w/index.php?title=The_Coming_Race&oldid=218624694.

Coming Race zum „Grand Patron" der *Societas Rosicruciana in Anglia* geworden, also der britischen Rosenkreuzer. Dass dies gegen den Willen des Autors geschehen war und er an die Rosenkreuzer geharnischte Briefe geschrieben hatte, dass er dies nicht wolle, interessierte natürlich niemanden.

Blavatsky hielt Vril für eine tatsächlich im geheimen existierende Naturkraft und stellte sie auch in ihrem 1877 erschienenen Buch *Die entschleierte Isis* als solche dar. Als sie elf Jahre später ihr zweites Buch *Die Geheimlehre* schrieb, ging sie sogar noch weiter, verknüpfte Vril mit dem Atlantis-Mythos und behauptete, dass die Atlanter Vril dazu benutzt hätten, große Bauwerke zu errichten und die gesamte Natur zu beherrschen. 1896 griff dies der Theosoph William Scott-Elliot in seinem Buch *Atlantis nach okkulten Quellen* auf und beschrieb Vril als Antriebskraft für Luftschiffe.

Nachdem die Theosophen Vril entdeckt und in ihre Lehre mit eingebaut hatten, gab es auch für andere okkultistische und esoterische Autorinnen und Autoren kein Halten mehr. Vril wurde ein Synonym für eine okkulte Lebens- oder Naturkraft, mit der man so ziemlich alles erreichen konnte.

„Eine besondere Rolle soll das Zagreber Medium Maria Orsic (auch: Orsitsch, geb. 1895, Todesdatum unbekannt) gespielt haben, das angeblich über ein Channeling telepathisch Nachrichten einer Templergeheimschrift mit technischen Angaben zum Bau einer Flugmaschine erhielt. Die geheimnisvoll erhaltenen Botschaften kamen vom Sonnensystem Aldebaran, in dem zwei angeblich bewohnte Planeten existierten, auf denen ein Herrenvolk von 'lichten Gottmenschen' (Arier) leben sollte. Des Weiteren existierten dort auch verschiedene andere menschliche Rassen, die sich durch 'negative Mutationen' aus diesen Gottmenschen entwickelt haben sollen. Diese seien anderer (dunkler) Hautfarbe und sollen eine geringere 'geistige Entwicklungsstufe' haben. Die Herrenrasse der lichten Gottmenschen habe dann vor etwa 500 Millionen Jahren damit begonnen, andere erdähnliche Planeten zu kolonisieren. So sollen sie mit speziellen Fluggeräten die 68 Lichtjahre überwunden haben, in Mesopotamien auf der Erde gelandet sein und den historischen Sumerern entsprechen. Die sumerische Sprache sei nicht nur Aldebaranisch, sondern soll auch Ähnlichkeiten zur deutschen Sprache aufweisen. Orsitsch hatte Kontakte zu Rudolf von Sebottendorf, dem Gründer der Thule-Gesellschaft."[24]

Diese geheimnisvolle Kraft soll durch die „Vril-Gesellschaft" erforscht worden sein, wie der Raumfahrtingenieur Willy Ley behauptete, der 1934 in die USA emigrierte. 1947 veröffentlichte er den Artikel „Pseudoscience in Naziland", in dem er auch von der Vril-Gesellschaft sprach und ihr den Namen „Wahrheitsgesellschaft" gab. Er schrieb:

„Die nächste Gruppe beruhte buchstäblich auf einem Roman. Diese Gruppe, die sich, wie ich glaube, Wahrheitsgesellschaft nannte und mehr oder weniger in Berlin ansässig war, widmete ihre Freizeit der Suche nach Vril. Ja, ihre Überzeugungen fußten auf Bulwer-Lyttons 'The Coming Race'. Sie wussten, dass das Buch eine Erfindung war, Bulwer-Lytton habe diesen Kunstgriff benutzt, um die Wahrheit über diese 'Kraft' erzählen zu können. Die unterirdische Menschheit war Unsinn, Vril nicht. Möglicherweise hatte es die Briten, die es als Staatsgeheimnis hüteten, in die Lage versetzt, ihr koloniales Reich aufzubauen. Sicherlich besaßen es die Römer, eingeschlossen in kleine Metallkugeln, die ihre Heime beschützten und als *lares* bezeichnet wurden. Aus Gründen, die ich nicht durchschauen konnte, konnte das Geheimnis des Vril entdeckt werden, indem man sich in die Betrachtung der Struktur eines in zwei Hälften geschnittenen Apfels versenkte. Nein, ich mache keine Scherze, das war es, was mir mit großer Feierlichkeit und unter Geheimhaltung erzählt wurde. Eine solche Gruppe existierte tatsächlich; sie brachte sogar die erste Ausgabe eines Magazins heraus, in dem sie ihr Credo proklamierte. (Ich wünschte mir, ich hätte

24 „Vril-Gesellschaft – Psiram", zugegriffen 10. Februar 2022, https://www.psiram.com/de/index.php/Vril-Gesellschaft.

einige dieser Sachen behalten, aber so, wie die Dinge lagen, hatte ich schon genug Bücher hinauszuschmuggeln.)“[25]

Man kann annehmen, dass Ley die *Reichsarbeitsgemeinschaft „Das kommende Deutschland“* gemeint haben könnte. Diese gab 1930 zwei kleine Schriften mit den Titeln *Vril – Die kosmische Urkraft* und *Weltdynamismus* sowie eine *Zeitschrift für Weltdynamismus* heraus. Vergleicht man diese Schriften mit den Erinnerungen Leys, so kann es durchaus sein, dass hier die gleiche Organisation gemeint ist. Allerdings konnte nie geklärt werden, wer hinter dieser *Reichsarbeitsgemeinschaft* steckte.

Die *Vril-Gesellschaft*, über die heute noch spekuliert wird, wurde erst im Jahr 1960 von den Franzosen Louis Pauwels und Jacques Bergier erfunden. Sie behaupteten, dass die *Vril-Gesellschaft* (teilweise auch „Die Loge der Brüder vom Licht“) dafür da gewesen sei, Bünde mit übernatürlichen Mächten vorzubereiten. Diesen Ansatz verfolgten auch andere Autoren weiter. Und je weiter dieser Stoff entwickelt wurde, desto hanebüchener wurde die Story.

Ein ganz besonderer Dreh gelang aber dem Autorenduo Norbert Jürgen-Ratthofer und Ralf Ettl damit, dass sie 1992 in ihrem Buch *Das Vril-Projekt*, Vril mit dem Flugscheiben-Mythos verbanden.

Den Autoren zufolge sollte die *Vril-Gesellschaft* aus der von Rudolf von Sebottendorf im August 1918 gegründeten *Thule-Gesellschaft* hervorgegangen sein und intensive esoterische Studien betrieben haben. Weiterhin wird in dem Buch behauptet, dass Anfang der 1920er Jahre Wesen vom Planeten Aldebaran telepathische Kontakte zu einem Führungszirkel der SS gesucht hätten. Und über diese Verbindung sollen die Außerirdischen die SS mit Plänen zum Bau einer untertassenförmigen Flugmaschine versorgt haben. Diese Pläne sollen dann von der SS an die Vril-Gesellschaft gelangt sein,

25 Willy Ley, „Pseudoscience in Naziland“, in: Astounding Science Fiction 39, Nr. 3 (1947), S. 90-98.

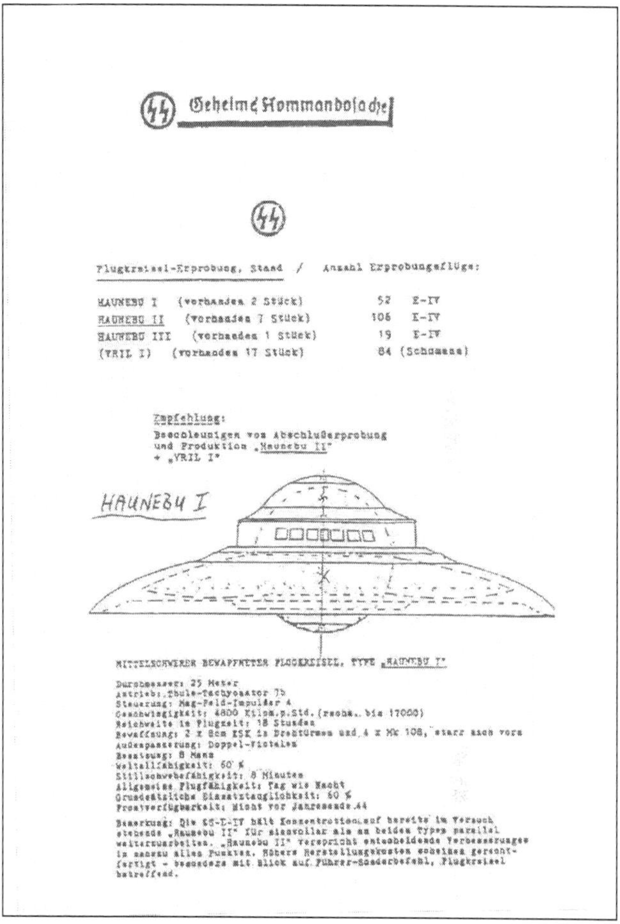

Geheime Kommandosache

Flugkreisel-Erprobung, Stand / Anzahl Erprobungsflüge:

HAUNEBU I	(vorhanden 2 Stück)	52	E-IV
HAUNEBU II	(vorhanden 7 Stück)	106	E-IV
HAUNEBU III	(vorhanden 1 Stück)	19	E-IV
(VRIL I)	(vorhanden 17 Stück)	84	(Schumann)

Empfehlung:
Beschleunigen von Abschlußerprobung
und Produktion „Haunebu II"
+ „VRIL I"

HAUNEBU I

MITTELSCHWERER BEWAFFNETER FLUGKREISEL, TYPE „HAUNEBU I"

Durchmesser: 25 Meter
Antrieb: Thule-Tachyonator 7b
Steuerung: Mag-Feld-Impulser 4
Geschwindigkeit: 4800 Kilom.p.Std. (rechn. bis 17000)
Reichweite in Flugzeit: 18 Stunden
Bewaffnung: 2 x 8cm KSK in Drehtürmen und 4 x Mk 108, starr nach vorn
Außenpanzerung: Doppel-Victalen
Besatzung: 8 Mann
Weltallfähigkeit: 60 %
Stillschwebefähigkeit: 8 Minuten
Allgemeine Flugfähigkeit: Tag wie Nacht
Grundsätzliche Einsatztauglichkeit: 60 %
Frontverfügbarkeit: Nicht vor Jahresende 44

Bemerkung: Die SS-E-IV hält Konzentration auf bereits im Versuch stehende „Haunebu II" für sinnvoller als an beiden Typen parallel weiterzuarbeiten. „Haunebu II" verspricht entscheidende Verbesserungen in nahezu allen Punkten. Höhere Herstellungskosten scheinen gerechtfertigt – besonders mit Blick auf Führer-Sonderbefehl, Flugkreisel betreffend.

Das wohl am häufigsten verbreitete „Modell" der Reichsflugscheiben ist „Haunebu", mit den Typen I und II. Diese Flugscheibe soll durch die telepathische Zusammenarbeit mit Außerirdischen vom Planeten Aldebaran entstanden sein.

Das Gemälde Pandemonium *des englischen Malers John Martin (entstanden um 1825) mag Edward Bulwer-Lytton zur Stadt der Vril-ya inspiriert haben.*

die sie daraufhin umsetzte. Das Fluggerät, das dabei herauskam, soll *Jenseitsflugmaschine* genannt worden sein. Anzumerken wäre an diesem Punkt noch, dass die SS erst im April 1925 und die als SS-Vorläufer angesehene „Stabswache" im Mai 1923 gegründet wurde.

Diese *Jenseitsflugmaschine* soll aber nur der Beginn der Entwicklung gewesen sein. Laut den beiden Autoren soll unter anderem Viktor Schauberger, ein österreichischer Erfinder, an den Arbeiten beteiligt gewesen sein. 1945 soll eine Version mit dem Namen V7 existiert haben, mit der Mitglieder der *Vril-Gesellschaft* zum Aldebaran geflogen sein sollen.

Die V7 soll aber nicht das einzige existierende Fluggerät gewesen sein, es soll mehrere Modelle mit Namen wie *Vril* oder *Haunebu* gegeben haben. Mit diesen Vehikeln sollen sich dann große Teile der SS und der *Vril-Gesellschaft* ins antarktische Neuschwabenland abgesetzt haben.

Das Buch der beiden zirkulierte allerdings nur in recht übersichtlichen rechtsesoterischen Kreisen. Erst als Jan Udo Holey die Thematik aufgriff und den Stoff in sein 1996 erschienenes Buch *Geheimgesellschaften und ihre Macht im 20. Jahrhundert* (veröffentlicht unter dem Pseudonym Jan van Helsing) aufnahm, wurde die Story bekannter. Ein Jahr später folgte dann das Buch *Unternehmen Aldebaran*, in dem Holey die Geschichte noch weitertrieb und ausschmückte.

Exkurs: Dr. Axel Stoll

Dr. Axel Stoll ist wohl der bekannteste Pseudowissenschaftler, der vor allem durch die Youtube-Videos von dem von ihm geleitete *Neuschwabenland-Forum* in Berlin bekannt wurde. Eben durch dieses Forum betrieb er die Verbreitung und Öffentlichmachung der Verschwörungstheorien rund um Neuschwabenland.

Stoll wurde am 30. Oktober 1948 in Ost-Berlin geboren und starb am 28. Juli 2014 ebendort. Er studierte an der Ernst-Moritz-Arndt-Universität Greifswald in einem Diplom-Studiengang Geologie. Danach ging er an das Zentralinstitut für Physik der Erde in Potsdam, das eine Einrichtung der Akademie der Wissenschaften der DDR war. Dort absolvierte er ein Promotionsstudium, das er am 16. Oktober 1984 mit seiner Dissertation „Zur Rhythmizität/Zyklizität und Korrelation des höheren Saxon der westlichen Altmark" beendete. Stoll kokettierte immer damit, dass seine Dissertation als „vertrauliche Verschlusssache" eingestuft wurde. Tatsächlich lag das nicht an einem irgendwie „brisanten" Inhalt, sondern einfach daran, dass er sich mit der Geologie des innerdeutschen Grenzgebietes beschäftigt hatte.

Stoll machte zu seiner Biographie einige Angaben, die nicht verifiziert werden konnten. So behauptete er beispielsweise ABC-Waffenoffizier in der Nationalen Volksarmee der DDR gewesen zu sein. Auch will Stoll KGB-Offizier gewesen zu sein und hier eine Zuständigkeit für Massenvernichtungswaffen gehabt zu haben. Vladimir Putin, den späteren russischen Staatspräsidenten, will er persönlich gekannt haben.

Allerdings war Axel Stoll recht geschäftstüchtig. Das Aufklärungsportal *Psiram* schreibt über ihn: „Stoll betrieb den ST-Verlag (Sinus-Tangentus-Verlag) und das 'NSL-Forum' im Internet. Stoll war auch über einen Webshop des Freier Falke Verlags (siehe Simone Küstermann) Anbieter von kolloidalem Silber bzw. einem 'Silber-Generator nach

Dr. Axel Stoll' [...]. Nach Angaben der 'Jungen Welt' von Februar 2013 vertrieb Stoll Antiagingmittel, 'peruanisches Drachengift' und Schlankmacher und soll damit bis zu 15.000 Euro monatlich verdient haben."[26]

In die Öffentlichkeit trat Stoll 2002, als er mit Gleichgesinnten das *Neuschwabenland-Forum* gründete und Mitschnitte der Treffen bei YouTube hochlud. Während dieser Treffen wurden Verschwörungstheorien und pseudowissenschaftliche Themen diskutiert. Stoll fiel dabei immer wieder mit Ausrufen wie „Muss man wissen!", „Wer weiß das? Wieder keiner" etc. auf. Clips mit diesen Sprüchen zirkulierten bald im Internet, wo sich die Nutzerinnen und Nutzer über Stoll und seine Mitstreiter lustig machten. Bald schon erlangte er recht große Bekanntheit im Netz. Dass sich der Großteil der Internet-User über ihn lustig machte, realisierte Stoll allerdings nicht.

Die Psychologen Sebastian Bartoschek und Alexander Waschkau konnten Axel Stoll für ein Interview gewinnen, welches sie dann aufbereiteten und als DVD auf den Markt brachten. Hierin zeigen sich spannende Einblicke in die Gedankenwelt eines Verschwörungstheoretikers.

Danach stellen sie gegenüber den Medien fest: „Wir sind zu dem Ergebnis gekommen, dass er keine psychische Störung hat, die es derzeit so im ICD 10 (dem weltweit wichtigsten medizinischen Klassifikationsregister) gibt. Wir haben weder Wahn, noch Schizophrenie, Paranoia oder irgendeine Psychose beobachten können. Letztlich haben wir uns aber darauf geeinigt, dass sich bei Stoll sehr wohl eine Form des Narzissmus feststellen lässt, die sogenannte Pseudologia phantastica, das zwanghafte Lügen oder Fabulieren. Weil es die am häufigsten gestellten Laiendiagnosen sind:

26 „Axel Stoll – Psiram". Zugegriffen 12. Februar 2022. https://www.psiram.com/de/index.php/Axel_Stoll.

Wir haben weder Wahn, noch Schizophrenie, noch Paranoia, noch irgendeine Psychose beobachten können."[27]

Wie ein Wissenschaftler wie Axel Stoll derartig abdriften konnte, begründen die beiden so: „Man muss vielleicht nicht plemplem sein, man muss Sachen erlebt haben, die einem nicht gut getan haben. Was bei Stoll zu sehen ist, und das trifft auf einige seiner Kumpanen zu: Er hatte ein halbwegs vernünftiges Leben in der DDR, und von heute auf morgen endet dieses Leben durch die Wiedervereinigung. Er fällt ins Bodenlose, schlägt sich erst bei einer Securityfirma durch und dann als Vertreter einer Versicherung, die wegen betrügerischen Bankrotts niedergeht.

Auf einmal fällt ihm auf, dass er 'geheimes Wissen' hat. Und auf einmal findet er sich in einem Kreis von Leuten wieder, denen es ähnlich geht und mit denen er sein Wissen teilen kann. Und jetzt passiert was Spannendes: Er wird aufgewertet, er ist auf einmal der Held, der etwas Besonderes mitzuteilen hat und die Leute haben Teil an diesem Geheimwissen."[28]

Axel Stoll war in der rechtsesoterischen Szene gut vernetzt und durch sein Sendungsbewusstsein, seinen akademischen Hintergrund und die von ihm behaupteten (und von seinen Anhängern nie hinterfragten) Angaben zu seiner Biographie wurde er bald zu einer Gallionsfigur dieser Szene.

In der breiten Öffentlichkeit wurde er eher durch seine Zitate bekannt, die bald zu weit kursierenden Internet-Memes wurden, über die sich die Netz-Gemeinde amüsierte. Allerdings war Stoll nicht der lustige Verschwörungs-Opa, über den man sich lustig machen konnte. Vielmehr war er ein beinharter Verschwörungsgläubiger, der der Reichsbürger-Ideologie anhing, antisemitische und rassistische Ausfälle

27 Felix Huesmann, „Der größte deutsche Pseudowissenschaftler: Ein Psychogramm des Dr. Axel Stoll", Vice (blog), 28. Juli 2015, https://www.vice.com/de/article/kb7vg9/psychologen-analysisieren-die-paraphysik-des-axel-stoll-3820.

28 Huesmann, „Der größte deutsche Pseudowissenschaftler".

hatte und zu Straftaten aufrief, wie man an folgendem Zitat gut sehen kann: „Irgendwann wird sich das Volk erheben und macht den Politikern den Garaus, dann können diese nicht mehr im Luxus leben. Dann ist es mit ihnen aus. Herrlich! Dabei denke ich an die Allee der Gehängten. Ich hab mir vorgestellt, wir nehmen Adlergestell, die Frankfurter Allee. Ne? Und dann noch an den Ku'damm. Müsste ausreichen. Stehen auf wackligen Bananenkisten und ich reise dann mit Motorradstiefeln ..., immer Zack, Zack, Zack, Böp, Böp, Böp, geht das weg. Und wenn die erste Reihe aufgeknüpft ist, folgt die nächste. Und so wird das kommen. Gut. Danke für die Aufmerksamkeit."[29]

29 „Axel Stoll – Psiram". Zugegriffen 12. Februar 2022. https://www.psiram.com/de/index.php/Axel_Stoll.

Verschwörungstheorie Nr. 7 – Der U-Boot-Kanal

Es existiert ein durch U-Boote befahrbarer unterirdischer Kanal, der in Neuschwabenland beginnt und im Georg V.-Land endet. Durch diesen Kanal griffen Nazi-U-Boote die US-Truppen der Operation Highjump an und besiegten sie.

Prinzipiell kann es natürlich möglich sein, dass vom Dronning-Maud-Land bis zum Georg-V.-Land ein Kanal führt, der von U-Booten genutzt werden könnte. Wer weiß, wie es da unter dem Eis aussieht? Glücklicherweise gibt es Experten, die sich mit solchen Fragen auseinandersetzen. Die sitzen im Alfred-Wegener-Institut, dem Helmholtz-Zentrum für Polar- und Meeresforschung in Bremerhaven. Und diese Fachleute stellen zu dieser Frage Folgendes fest: „Die Topographie des antarktischen Kontinents, also die Oberfläche des Felsgesteins unter dem antarktischen Eisschild, wird seit vielen Jahren von Geologen vermessen. Die Karten wurden in wissenschaftlichen Zeitschriften, auch unter Beteiligung des AWI [Alfred-Wegener-Institut], veröffentlicht.

Aus der Karte (ohne Eis) ersehen Sie, dass durchaus Bereiche des Kontinents unter dem Meeresspiegel liegen (blau). Hier liegt allerdings der antarktische Eisschild unter dem Meeresspiegel auf dem Kontinent auf. Durchgängige Wasserwege unter dem Eis sind somit ausgeschlossen."

Also aus geologischer Sicht ist diese Theorie nicht plausibel. Und auch aus technischer Sicht sieht es eher schlecht aus. Wir müssen uns vor Augen halten, dass die Operation Highjump 1947 stattfand und mit der damals zur Verfügung stehenden U-Boot-Technik eine solch lange Tauchfahrt unter Eis einfach nicht möglich war.

Laut dem Deutschen U-Boot-Museum gab es gerade einmal drei Berichte über längere Unterwasserfahrten unter einer Eisdecke, wobei nur zwei gesichert sind und einer fraglich ist.

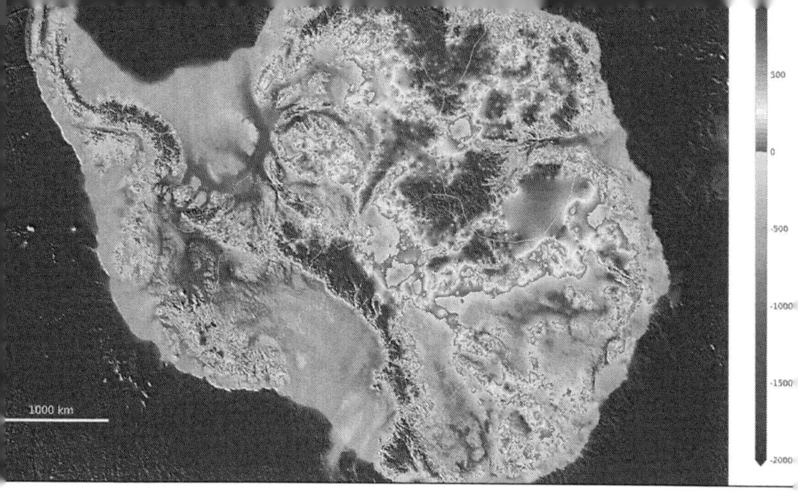

Hierbei handelt es sich um:

- Die U-435, die am 26. August 1942 bei Spitzbergen ein Eisfeld in 30 Minuten unter Wasser passierte.
- Die U-262, die am 2. Mai 1943 für die Unterfahrt eines Eisfeldes 4 Stunden und 27 Minuten brauchte, was die längste Unterwasserfahrt unter einer geschlossenen Eisdecke darstellt.
- Die U-514, die am 13. September 1944 angeblich vor dem St. Lorenz-Strom ein Eisfeld untertaucht haben soll, was aber nicht in Primärquellen verifiziert werden kann.

„Es mag weitere, bislang noch nicht speziell untersuchte Fälle geben, in denen U-Boote der Kriegsmarine aus operativen Notwendigkeiten sich haben im Eis einfrieren lassen oder Tauchmanöver unter das Eis gewagt hatten. In der oft so bizarr anmutenden Welt der Verschwörungstheoretiker finden sich natürlich auch Geschichten von tollkühnen Operationen deutscher U-Boote im Eis und unter dem Eis der Arktis, aber auch der Antarktis, Stoff also für viele Mythen.

Die wenigen tatsächlichen Fälle von Einschließungen im Eis oder Untertauchen von Eisfeldern sind das Ergebnis von Einzelentscheidungen der Kommandanten vor Ort und nicht Operationen in Umsetzung von entsprechenden Befehlen höherer Kommandostellen, sich in das Eis zu wagen. Im Gegenteil, in vielen der Funksprüche dieser Dienststellen werden die U-Boote sogar angewiesen, Eisfelder zu meiden. Grund dafür sind die Erfahrungen mit Beschädigungen der Boote durch Eis, sei es in den Stützpunkten in der Heimat wie auch in Norwegen sowie natürlich bei den Einsätzen im Nordmeer und an den arktischen Inseln, das KTB von U 262 beschreibt ja solche Schäden bei seinem Tauchmanöver an der kanadischen Küste so eindringlich."[30]

Es kann also mit Fug und Recht behauptet werden, dass weder die geographischen noch die technischen Möglichkeiten der U-Boote vorhanden waren, um einen solche Fahrt bzw. einen solchen Angriff durchzuführen. Die kursierenden Berichte hierüber können getrost in das Gebiet der Fiktion verwiesen werden.

---

30 „U-Boote unter dem Eis", Deutsches U-Boot-Museum (blog), zugegriffen 9. Februar 2022, http://dubm.de/u-boote-unter-dem-eis/.

Verschwörungstheorie Nr. 8 – Atombomben auf Neuschwabenland

Am 27. und 30. August sowie am 6. September 1958 zündete die US-Navy drei geheime Atombomben über oder auf der geheimen Nazi-Basis in Neuschwabenland. Erst dadurch konnten die USA die Eis-Nazis besiegen.

Nun, auch in dieser Verschwörungstheorie steckt ein kleines Stückchen Wahrheit. Es gab drei Atombombenexplosionen. Das war es aber auch schon. Das Ganze fand nicht über oder in der Antarktis statt und auch wenn die ganze Operation als Geheimoperation geplant war, wurde kurz darauf darüber berichtet.

Aber von Anfang an. Zwischen 1958 und 1962 führten die USA insgesamt drei Testreihen mit Atomwaffen in der Erdatmosphäre durch. Dies waren die Operationen Hardtack, Argus und Dominic I/Fishbowl. Die hier angesprochenen Tests bildeten die Operation Argus und waren somit mit Argus I, II, III bezeichnet.

Durchgeführt wurden sie von der US Navy Task Force 88, die im Auftrag der Defence Nuclear Agency handelte. Die gut 9 Millionen Dollar, die für die Operation anfielen, wurden von der Advanced Research Projects Agency bereitgestellt. Weiterhin waren das Armed Forces Special Weapons Project, die Army Ballistic Missile Agency und das Air Force Special Weapons Center mit beteiligt.

Erforscht werden sollten die Auswirkungen eines elektromagnetischen Impulses (EMP) auf Radio und Radar, insbesondere die Auswirkungen auf militärische Kommunikationssysteme, die theoretische Grundlage dieser Versuche hatte der Wissenschaftler Nicholas Christofilos ausgearbeitet.

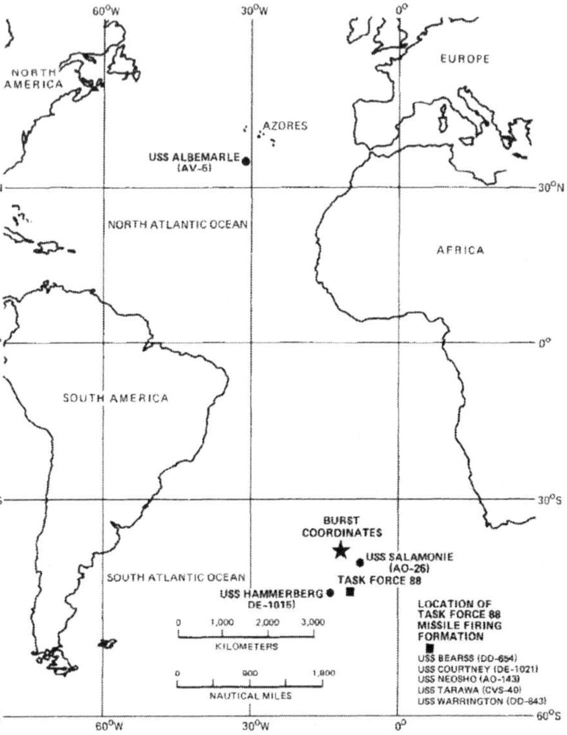

ARGUS 1, locations of ships at burst time.

Argus I wurde am 27. August 1958 um 2.28 Uhr GMT auf 38,5° S, 11,5° W in 200 Km Höhe gezündet.

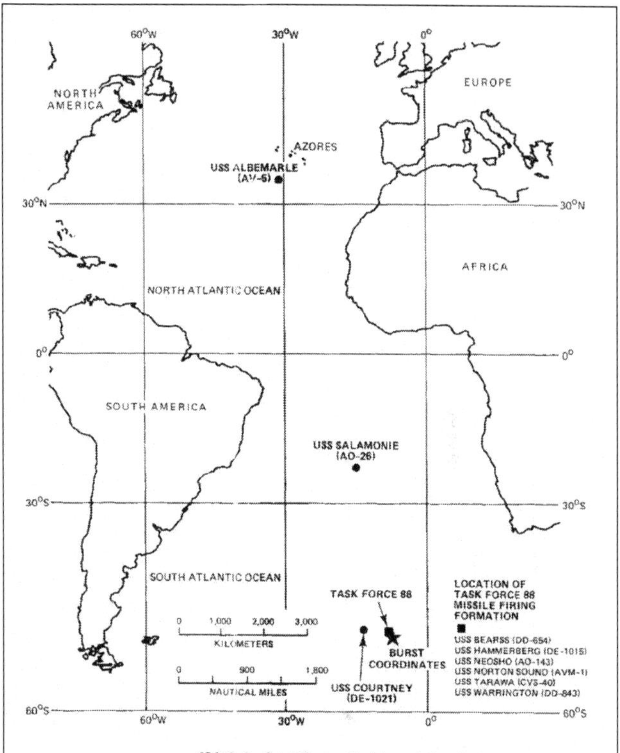

ARGUS 2, locations of ships at burst time.

Argus II wurde am 30. August 1958 um 3.18 Uhr GMT auf 49,5° S, 8,2° W in 240 Km Höhe gezündet.

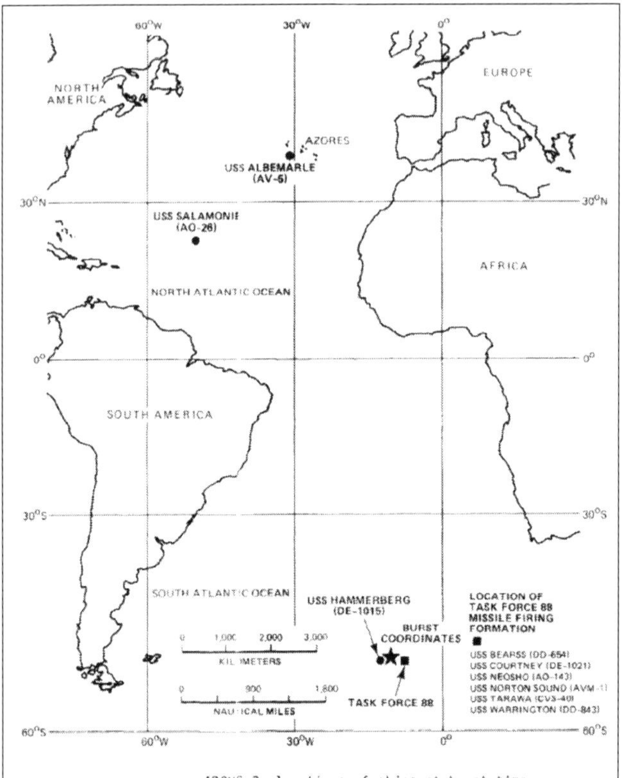

ARGUS 3, locations of ships at burst time.

Argus III wurde am 6. September 1958 um 22.13 Uhr GMT auf 49,5° S, 9,7° W in 540 Km Höhe gezündet.

Die drei Atombombenexplosionen wurden im südlichen Atlantik mit X-17A-Raketen durchgeführt. Die Abschussstellen befinden sich östlich der „südatlantischen Anomalie", einer Delle im Erdmagnetfeld, wo dieses besonders tief auf die Erde herabgeht.

Schaut man sich die Koordinaten an, so merkt man, dass sich alle drei Abschussstellen ziemlich weit weg von Neuschwabenland befinden. Argus I war 3500 Kilometer nördlich, Argus II war 2280 Kilometer nördlich und Argus III war 2390 Kilometer nördlich der Antarktis.

Also kein Angriff auf Neuschwabenland. Auch der ehemalige Direktor des British Antarctic Survey, Prof. Dr. Chris Rapley, CBE, bestätigt, dass es in der Atmosphäre über der Antarktis keine Atomtests gegeben hat. Den Polarforschern Colin Summerhayes und Peter Beeching schreibt Rapley in einer persönlichen Mitteilung, dass die Zündung solcher Waffen einen Fallout verursachen würde, der sich am oberen Ende der Beta-Radioaktivität manifestieren würde.

Betastrahlung gehört zu den ionisierenden Strahlungsarten beim radioaktiven Zerfall. Es gibt Beta Minus- und Beta Plus-Strahlung. Beim Beta Minus-Zerfall hat ein Atomkern zu viele Neutronen und so wandelt sich ein Neutron im Atomkern zu einem Proton um. Dabei entstehen ein Elektron und ein Antineutrino. Dieses Elektron ist die Beta-Strahlung.

Beim Beta Plus-Zerfall wandelt sich ein Proton im Atomkern zu einem Neutron um. Dabei entsteht ein Positron (das ist ein positiv geladenes Elektron, sozusagen die Harmoniepraline unter den Elektronen) und ein Neutrino. Dabei ist das Positron die Beta-Strahlung. Beta-Strahlung hat wenige Meter Reichweite und kann durch ein Buch oder Plexiglas abgeschirmt werden. Bekanntester Beta-Strahler ist Cäsium-137, weswegen man in Bayern oder Baden-Württemberg, bei Pilzen und Wildschweinen aufpassen muss.

Oft findet man jedoch die Info, dass Cäsium-137 ein Gammastrahler ist und tatsächlich weist man es über Gamma-Strahlung nach. Das liegt aber daran, dass es über Beta Minus-Zerfall (also Neutron zu Proton) zu Barium-137 wird und das zerfällt recht schnell und gibt dabei Gamma-Strahlung ab. Beta-Strahlung nachzuweisen bzw. genau zu messen, ist viel aufwendiger als bei Gamma-Strahlung. Der Nachweis ist relativ einfach, aber genau zu messen, welches Element wie viel abgibt, das ist schwerer.

Durch die Atomwaffentests der USA und der Sowjetunion in den 1950er Jahren ist in den Messungen für das gesamte Gebiet der Antarktis spätestens ab 1954 eine solche Spitze der Beta-Radioaktivität nachweisbar. Für 1958 ist dies dann nichts Ungewöhnliches. Wären die Explosionen allerdings in größerer räumlicher Nähe zur Antarktis erfolgt, hätte es einen „wirklich herausragenden Höhepunkt" geben müssen.

Bestätigt wird diese Aussage durch eine Studie von Wolff et. al. (1999),[31] die die Veränderung der Beta-Strahlung in einer Grube in Coats Land am östlichen Rand des Weddelmeeres untersuchte. Das Besondere an dieser Grube war, dass in ihr die Schneehöhe und Schneedichte im Laufe der Zeit fast unverändert blieb. Die Untersuchungen zeigten nun, dass im Schnee genau die Konzentration von radioaktivem Material in genau dem zeitlichen Verlauf gefunden wurde, die erwartet wurde. Eine solch große Explosion über der Antarktis, wie sie angeblich stattgefunden haben soll, konnte absolut nicht nachgewiesen werden.

Dazu kommt noch, dass 1958 norwegische, belgische, britische und japanische Wissenschaftler Forschungsstationen in Dronning Maud-Land bemannten. Die hätten doch sicherlich bemerkt, wenn man Atombomben über ihnen gezündet hätte.

31 Wolff, Eric / Ed Suttie / David Peel: „Antarctic Snow Record of Cadmium, Copper, and Zinc Content during the Twentieth Century. In: Atmospheric Environment 33, Nr. 10 (1999), S. 1535-1541.

Schlussbemerkung

Die Frage, die letztendlich noch bleibt, ist die, wer nun diesen Verschwörungstheorien rund um Neuschwabenland, Flugscheiben und Alien-Besucher anhängt. Es wäre nun ein Leichtes, ein Bild zu zeichnen von einem ungepflegten Menschen, der in schmutzig-weißer Feinripp-Unterwäsche nachts vor dem PC sitzt und das Internet mit seinen Theorien füttert. Auch die sonst oft gemutmaßte psychische Erkrankung oder Paranoia ist keine Erklärung und wäre verharmlosend.

Die Neigung, an Verschwörungserzählungen zu glauben, sitzt grundsätzlich in uns allen, das hat eben nichts mit psychischen Problemen, bestimmten Persönlichkeitsmerkmalen, niedriger Intelligenz, Geschlecht oder Bildungsstand zu tun. Es hängt wohl eher damit zusammen, dass sich die Menschen machtlos fühlen, Unsicherheit schlecht akzeptieren können und wie stark diese Tendenz in ihnen ausgeprägt ist.

Das beste Beispiel hierfür dürfte die Corona-Pandemie der 2020er Jahre sein. Hier fühlte sich ein gewisser Teil der Gesellschaft massiv verunsichert, sahen sich diese Menschen doch einer nicht fassbaren Gefahr mittels eines mit bloßem Auge nicht sichtbaren Virus gegenüber. Es dauerte nicht lange, bis die ersten Verschwörungstheorien im Internet kursierten.

Die Forschung bezeichnet diese Tendenz, an Verschwörungstheorien zu glauben, übrigens als „Verschwörungsmentalität". Und je stärker diese in einem Menschen ausgeprägt ist, desto größer ist das Misstrauen der Person gegenüber gesellschaftlich Gruppen, die eher abgeschottet agieren oder ein hohes gesellschaftliches Ansehen genießen, also „denen da oben“. Politiker, Wirtschaftsbosse, Kleriker, Firmen, Forscher etc.

„Ob eine Person an Verschwörungstheorien glaubt, hängt auch mit ihrer politischen Einstellung zusammen. Grundsätzlich glauben Menschen eher an bestimmte Verschwörungstheorien, wenn sie mit ihren bereits vorhandenen Überzeugungen in Einklang stehen. An den Rändern des ideologischen Spektrums ist der Glaube an Verschwörungstheorien davon abgesehen stärker verbreitet als im Bevölkerungsdurchschnitt. Dies bedeutet jedoch nicht, dass Linke und Rechte gleichermaßen anfällig für Verschwörungstheorien sind. Studien zeigen, dass der Verschwörungsglaube in Deutschland und anderen Ländern am rechten Rand stärker ausgeprägt ist als am linken Rand. Dies hängt möglicherweise damit zusammen, dass Menschen mit extrem rechter Gesinnung im Allgemeinen sensibler gegenüber äußeren Bedrohungen sind.“[32]

Gerade im Fall Neuschwabenland gehört ein Teil der Verschwörungsgläubigen eindeutig ins rechte bis sogar rechtsextreme Milieu. Viele, die an die Neuschwabenland-Theorien glauben, finden sich beispielsweise in der Reichsbürgerszene wieder. Bestes Beispiel hierfür ist etwa das früher von Axel Stoll und Peter Schmidt organisierte *Neuschwabenland-Forum* mit seinen Treffen. Dort waren immer wieder auch hochrangige Vertreter der Reichsbürgerszene mit anwesend, ebenso wie NPD-Kader.

Es gibt keine Untersuchungen darüber, warum gerade diese Verschwörungstheorie für Anhänger der rechten Szene so interessant ist, aber ein Punkt dürfte sicherlich das

32 Sächsische Landeszentrale für politische Bildung: „Warum glauben Menschen an Verschwörungstheorien?“ Zugegriffen 2. September 2022. https://www.slpb.de/themen/gesellschaft/verschwoerungstheorien/verstehen/warum-glauben-menschen-an-verschwoerungstheorien.

Festhalten am „Großdeutschen Traum" sein, also die Überhöhung des Deutschen Reiches, das Träumen von einer militärisch-technischen Überlegenheit der Wehrmacht nach dem Gedanken „Wir hätten ja können, aber der Führer hatte einen anderen Plan!". Und natürlich beinhaltet das Anhängen an den Neuschwabenland-Theorien auch eine gewisse Hoffnung auf eine Wiederkunft eines „Führers" und auf ein „Viertes Reich".

Einen weiteren Punkt, warum sich Menschen Verschwörungstheorien zuwenden, sieht man etwa bei Dr. Axel Stoll sehr gut: die Selbstaufwertung. Stoll, in der DDR ein „durchschnittlicher Geologe", der durch die Wiedervereinigung der beiden deutschen Staaten 1990 alles an Ansehen und Reputation verloren hat, war in der Verschwörungsszene eine „große Nummer", die von allen geachtet und bewundert wurde. Dies lag vor allem an seinen Behauptungen, die er über seine Person aufstellte. So sei er ABC-Waffen-Offizier gewesen, KGB-Agent und Bekannter von Putin. Ja, nach eigener Aussage war er sogar Angehöriger des in den Untergrund gegangenen Templerordens. Dies wurde in keiner Weise von seinen Anhängern hinterfragt.

Die Anhänger von Verschwörungstheorien halten sich durchaus für etwas „Besonderes", verfügen sie doch über geheimes Spezialwissen, sind „aufgewacht" im Gegensatz zu den „Schlafschafen", die noch immer den Systemmedien glauben. Sie fühlen sich als Teil einer besonderen Gemeinschaft, die über den Normalbürgern steht.

Aber wie gehen die Gläubigen vor bei der Verbreitung der Verschwörungsmythen? Sie nehmen eine Studie oder einen historischen Fakt, der dann durch Verdrehung und Verfälschung so entstellt wird, dass sich er oftmals einen vollkommen anderer Sinn ergibt. Ihnen genügen Behauptungen, wo in seriöser Forschung Fakten, Quellen oder Nachweise stehen. Auf dieser Basis können die Verschwörungsgläubigen natürlich auch Behauptungen über Aliens, Flugscheiben oder ähnliche Themen aufstellen.

Genauso beliebt ist es, Zitate so zu verfälschen, dass sie komplett sinnentstellt sind, aber in die eigene Agenda passen. Bestes Beispiel ist hier das Interview von Admiral Byrd auf der Heimfahrt von der Operation Highjump, wo er die Pole als feindliche Aufmarschgebiete bezeichnet. Byrd hatte mit seinen Äußerungen die Sowjetunion gemeint, konnte dies auf Grund der damals herrschenden, äußerst fragilen, politischen Situation allerdings nicht so klar benennen und formulierte hier allgemein. Diese allgemeinen Aussagen wurden von den Verschwörungsgläubigen dann so sehr gedehnt und verzogen, es wurde so viel hineininterpretiert, bis die Sätze auf die vermeintlichen Eis-Nazis passten. Dass die US-Amerikaner aus den während der Operation Highjump gewonnenen Erkenntnissen heraus dann allerdings die Thule Air Base auf Grönland errichteten und die Antarktis in militärischer Hinsicht nicht weiter beachteten, wurde allerdings „übersehen".

Oder das vermeintliche Zitat von Großadmiral Dönitz. Der soll bei einer ominösen Besprechung gesagt haben: „Die deutsche U-Boot-Flotte ist stolz darauf, daß sie für den Führer in einem anderen Teil der Welt ein Shangri-La gebaut hat, eine uneinnehmbare Festung."

Dieses Zitat stammt aus dem Buch *The Avengers* des israelischen Autors Michael Bar-Zohar aus dem Jahr 1967. Der schrieb im Kapitel „The Impregnable Fortress" (S. 95): „In 1943 Admiral Doenitz had declared: 'The German U-boat fleet is proud to have made an earthly paradise, an inpregnable fortress fort he Fuehrer, somwhere in the world.'" Auffallend ist hier die fehlende Nennung von Shangri-La. Was aber noch interessanter ist, ist der Satz, der nach dem Zitat kommt: „He did not say in what part oft he world it existed, but fairly obviously it was in South America." Das wird natürlich immer verschwiegen und so getan, als hätte Dönitz Neuschwabenland gemeint.[33]

33 Michael Bar-Zohar, *The Avengers*, 1. Aufl. (New York: Hawthorne Books, 1967), S. 95.

Wir sehen also, dass dieses Zitat einerseits durch Hinzudichtung und andererseits durch Weglassung so lange bearbeitet wurde, bis es in den Kontext der Neuschwabenland-Theorie passte.

Der Mythos rund um Neuschwabenland, bei dem der „Führer" Adolf Hitler noch in seiner Festung im ewigen Eis sitzt und nur darauf wartet, das gedemütigte und heruntergekommene Deutschland aus seiner Not zu erretten, erinnert stark an die Kyffhäuser-Sage um den deutschen Kaiser Friedrich I., genannt Barbarossa. Auch er sitzt in seiner Höhle, tief drin im Kyffhäuser, einem sagenumwobenen Berg in Thüringen, und wartet darauf Deutschland aus seiner Not zu erretten. Oder um es mit Friedrich Rückert zu sagen:

> Er hat hinabgenommen
> Des Reiches Herrlichkeit,
> Und wird einst wiederkommen,
> Mit ihr, zu seiner Zeit.

War bei Rückert allerdings allen bewusst, dass es sich nur um eine Sage handelte, so werden die Verschwörungstheorien rund um Neuschwabenland mit allerlei pseudowissenschaftlichem Unsinn verquickt und so soll der Anschrein erweckt werden, dass diese Erzählungen wahr sein könnten. So verwundert es nicht, dass gerade diese Verschwörungstheorie für Alt- und Neu-Nazis so attraktiv ist.

Aber auch wenn diese Herrschaften ihrer alten Reichsherrlichkeit nachtrauern, sie gehört, wie auch die Märchen um Neuschwabenland, in die Mottenkiste der Geschichte.

Literaturverzeichnis

Time. „ARGENTINA: U-530“, 23. Juli 1945. http://content.time.com/time/subscriber/article/0,33009,803598,00.html.

Augustin, Wilfried: „Die Realität der deutschen Flugscheiben“. In: Synesis, Nr. 4 (2008), S. 12-18.

Augustin, Wilfried: „Gab es 1945 eine deutsche Fusionsbombe?“ In: Synesis, Nr. 2 (2014), S. 55-62.

Augustin, Wilfried: „Zeitzeuge beschreibt deutsche Flugscheibe“. In: Synesis, Nr. 1 (2008), S. 28-29.

Aust, Norbert: „Freie Energie und Nullpunktsenergiemaschinen“. In: Skeptiker, Nr. 4 (2016), S. 160-168.

„Axel Stoll“. In: Wikipedia, 29. Januar 2022. https://de.wikipedia.org/w/index.php?title=Axel_Stoll&oldid=219651800.

„Axel Stoll – Psiram“. Zugegriffen 12. Februar 2022. https://www.psiram.com/de/index.php/Axel_Stoll.

„Bahia (1909)“. In Wikipedia, 16. Mai 2021. https://de.wikipedia.org/w/index.php?title=Bahia_(1909)&oldid=212038932.

Bar-Zohar, Michael: The Avengers. 1. Aufl. New York: Hawthorne Books, 1967.

Basti, Abel / Jan van Helsing / Stefan Erdmann: Hitler überlebte in Argentinien. Fichtenau: Ama Deus-Verlag, 2011.

Brandau, Christian: „Obergruppenführer Hans Kammler – Ein Geheimwaffenexperte des Dritten Reiches?“ Ruhr-Uni Bochum, 2011. https://homepage.ruhr-uni-bochum.de/christian.brandau/kammler.html.

Brandau, Christian: „Reichsflugscheiben – Paratechnik des Dritten Reiches“. Ruhr-Uni Bochum, 2011. https://homepage.ruhr-uni-bochum.de/christian.brandau/reichsflugscheiben.html.

Brüchmann, Peter: „Doch deutsche Atombomben-Tests 1943/44!“ In: Synesis, Nr. 1 (2016), S. 47-50.

Brüchmann, Peter: „Keine us-amerikanischen Atombomben 1945!“ In: Synesis, Nr. 2 (2012), S. 31-35.

Brunk, Karsten: „Die Rekonstruktion der Bildflüge und die Neubearbeitung des Namengutes der Deutschen Antarktischen Expedition 1938/39 in Neuschwabenland, Antarktis“. In: Polarforschung 57, Nr. 3 (1987), S. 191-197.

Brunk, Karsten: Kartographische Arbeiten und deutsche Namengebung in Neuschwabenland, Antarktis: Bisherige Arbeiten, Rekonstruktion der Flugwege der Deutschen Antarktischen Expedition 1938/39 und Neubearbeitung des deutschen Namengutes in Neuschwabenland. Deutsche Geodätische Kommission bei der Bayerischen Akademie der Wissenschaften: Reihe E, Geschichte und Entwicklung der Geodäsie; 24,1, Mitteilung des Instituts für Angewandte Geodäsie; 175. Frankfurt am Main: Verl. des Instituts für angewandte Geodäsie, 1986.

Brunk, Karsten: Kartographische Arbeiten und deutsche Namengebung in Neuschwabenland, Antarktis: Bisherige Arbeiten, Rekonstruktion der Flugwege der Deutschen Antarktischen Expedition 1938/39 und Neubearbeitung des deutschen Namengutes in Neuschwabenland – Bd. 2 Beilagen. Deutsche Geodätische Kommission bei der Bayerischen Akademie der Wissenschaften: Reihe E, Geschichte und Entwicklung der Geodäsie; 24,2, Mitteilung des Instituts für Angewandte Geodäsie; 175. Frankfurt am Main: Verl. des Instituts für angewandte Geodäsie, 1986.

Brunk, Karsten: „Orvinfjella in Neuschwabenland, Dronning Maud Land – Entdeckung, Kartierung und Beispiel für eine bunte Namenlandschaft“. In: Polarforschung 82, Nr. 2 (2012), S. 120-136.

Byrd, Richard Evelyn: Das Tagebuch des Admiral Byrd. Peiting: Michaels-Verl., 1996.

„Byrds Oase im Südpoleis“. In: Der Spiegel 1947, Nr. 11 (1947), S. 19-20.

„Die U-Boot-Flucht: An den ganzen Gerüchten und Mythen um U 530 ist nichts dran!“ In: Schwäbische Post, 10. Juli 2020. https://www.schwaebische-post.de/ostalb/aalen/die-boot-flucht-an-den-ganzen-geruechten-und-mythen-um-530-ist-nichts-dran-90284292.html.

Drygalski, Erich: „Die deutschen Forschungen in der Antarktis 1938/39“. In: Naturwissenschaften 51, Nr. 27 (1939), S. 853-854.

Eisermann, Kurt: „Sie jagten den Wal in der Antarktis“. In: Niederdeutsches Heimatblatt, Nr. 799 (2016), S. 2-3.

„Focke Rochen“. In: Wikipedia, 17. Juli 2021. https://de.wikipedia.org/w/index.php?title=Focke_Rochen&oldid=213964524.

„Freie Energie (Pseudowissenschaft)“. In: Wikipedia, 13. Januar 2022. https://de.wikipedia.org/w/index.php?title=Freie_Energie_(Pseudowissenschaft)&oldid=219147137.

Freistetter, Florian. „Freie Energie [ˈfʁaɪ̯ə enɛʁˈgiː]“. In: Der Standard. https://www.derstandard.at/story/2000007990703/freie-energie-fa-enei (zugegriffen 31. August 2022).

Frietsch, Martina. „Verschwörungstheorien: Verschwörungstheorien und ihre Anhänger“, 10. November 2021. https://www.planet-wissen.de/gesellschaft/psychologie/verschwoerungstheorien/verschwoerungstheorien-und-ihre-anhaenger-100.html.

Frühbeis, Xaver. „Die Hohlwelttheorie“. In: Synesis, Nr. 1 (1994), o.S.

Gehring, Heiner / Karl-Heinz Zunneck: Flugscheiben über Neuschwabenland: Die Wahrheit über „Vril“, „Haunebu“ und die Templer-Erbengemeinschaft. 1. Aufl. Rottenburg: Kopp, 2005.

Geise, Gernot L.: „Die BMW-Flügelräder“. Synesis, Nr. 2 (2005), o.S.

Geise, Gernot L.: „Die deutschen Flugscheiben gab es!“ In: Synesis, Nr. 1 (2006), S. 25-28.

Geise, Gernot L.: „Die Flugscheibe des René Couzinet“. In: Synesis, Nr. 5 (2006), S. 47-49.

Geise, Gernot L.: „Geheime Antriebe im 2. Weltkrieg“. In: Synesis, Nr. 4 (2006), S. 22-27.

Geise, Gernot L.: „Hohlwelt oder nicht?“ In: Synesis, Nr. 1 (1994), o.S.

Geise, Gernot L.: „J. Andreas Epp und die Flugscheiben“. In: Synesis, Nr. 3 (2002), S. 29-31.

Geise, Gernot L.: „Neuschwabenland – letzte Zuflucht gegen Kriegsende?“ In: Synesis, Nr. 6 (2005), S. 25-32.

Georgi, J. „Polarforscher Kapitän Alfred Ritscher“. In: Polarforschung 32, Nr. 1/2 (1962), S. 125-126.

„Giuseppe Belluzzo“. In: Wikipedia, 24. April 2022. https://de.wikipedia.org/w/index.php?title=Giuseppe_Belluzzo&oldid=222324793.

Grothe, Solveig: „Projekt ‘Fliegende Untertasse’: Kanada hatte ’ne Scheibe“. In: Der Spiegel, 30. November 2012, Abschn.

Geschichte. https://www.spiegel.de/geschichte/projekt-fliegen-de-untertasse-kanada-hatte-ne-scheibe-a-947802.html.

Happel, Günter: „Die deutsche Antarktis-Expedition 1938/1939“. In: Köhlers Flottenkalender 97, Nr. 2009 (2008), S. 116-121.

Helsing, Jan van: Die innere Welt: Das Geheimnis der Schwarzen Sonne. Fichtenau: Ama Deus-Verlag, 1998.

Helsing, Jan van: Geheimgesellschaften 2 – Interview mit Jan van Helsing. Rhede: Ewert, 1995.

Helsing, Jan van: Geheimgesellschaften und ihre Macht im 20. Jahrhundert oder Wie man die Welt nicht regiert. Rhede: Ewert, 1995.

Helsing, Jan van: Unternehmen Aldebaran: Kontakte mit Menschen aus einem anderen Sonnensystem. Fichtenau: Ama Deus-Verlag, 2000.

Henrich, Frank: „Flugscheiben“. PDF-Manuskript. o.O. o.J.

Herrmann, Ernst: Deutsche Forscher im Südpolarmeer: Bericht von der Deutschen Antarktischen Expedition 1938-1939 mit einem Geleitwort von Reichsmarschall Hermann Göring und einer Einführung des Leiters der Expedition Kapitän Ritscher. Berlin: Safari-Verl., 1941.

Huesmann, Felix: „Der größte deutsche Pseudowissenschaftler: Ein Psychogramm des Dr. Axel Stoll“. In: Vice (blog), 28. Juli 2015. https://www.vice.com/de/article/kb7vg9/psychologen-analysisieren-die-paraphysik-des-axel-stoll-3820.

Hümmler, Holm: „Neuschwabenland – Verschwörung, Mythos oder Ammenmärchen“. In: Skeptiker, Nr. 3 (2013), S. 100-106.

Hümmler, Holm: „Tachyonen – Schnelles Geld mit schnellen Teilchen – oder ohne?“ In: Skeptiker, Nr. 4 (2002), S. 154-155.

Iken, Katja: „U-977 – Die Mär von Hitlers Tauchgang“. In: Der Spiegel, 16. August 2010, Abschn. Geschichte. https://www.spiegel.de/geschichte/u-977-die-maer-von-hitlers-tauchgang-a-946576.html.

Kertz, W.: „Die Geschichte der Antarktisforschung“. In: Naturwissenschaften 71, Nr. 12 (1984), S. 599-608.

Koos, Volker: „Fliegender Bierdeckel“. Flug-Revue, Nr. 3 (1994), S. 60-63.

Koos, Volker: „Kreisflügler Arthur Sack AS6“. Flieger-Revue, Nr. 11 (1998), S. 54-55.

Koos, Volker: „Kreisflügler Sack AS 6/V1 – der ‚fliegende Bierdeckel‘“. PDF-Manuskript. https://adl-luftfahrthistorik.de/dok/

sack-as-6-kreisfluegelflugzeug-fliegender-bierdeckel.pdf (zugegriffen 31. August 2022).

Krause, Reinhard A.: „Hintergründe der deutschen Polarforschung von den Anfängen bis heute“. In: Deutsches Schiffahrtsarchiv, Nr. 16 (1993), S. 7-70.

Kreipel, Alfred: „Flugscheiben im Dritten Reich“. PDF-Manuskript. o.O. o.J.

Kulke, Ulli: „Hitlers Schatten am Südpol“. In: Die Welt. 6. Dezember 2008.

Kuntze, Paul H.: Volk und Seefahrt. 51. bis 75. Tsd. Leipzig: Dollheimer, 1940.

Lauer, Stefan: „Dr. Axel Stoll hat den Strafplaneten verlassen“. In: Vice (blog), 30. Juli 2014. https://www.vice.com/de/article/jmnmy7/dr-axel-stoll-hat-den-strafplaneten-verlassen-aldebaran-hohlerde-835.

Ley, Willy: „Pseudoscience in Naziland“. In: Astounding Science Fiction 39, Nr. 3 (1947), S. 90-98.

„Liste der von der Deutschen Antarktischen Expedition 1938/39 benannten geographischen Objekte“. In: 4. März 2020. https://de.wikipedia.org/w/index.php? title=Liste_der_von_der_Deutschen_Antarktischen_Expedition_1938/39_benannten_geographischen_Objekte&oldid=197423978.

Lüdecke, Cornelia: Die deutsche Polarforschung seit der Jahrhundertwende und der Einfluß Erich von Drygalskis: German polar research since the turn of the century and the influence of Erich von Drygalski. Berichte zur Polarforschung 158. Bremerhaven: Alfred-Wegener-Inst. für Polar- und Meeresforschung, 1995.

Lüdecke, Cornelia: „In geheimer Mission zur Antarktis: die dritte Deutsche Antarktische Expedition 1938/39 und der Plan einer territorialen Festsetzung zur Sicherung des Walfangs“. Deutsches Schiffahrtsarchiv, Nr. 26 (2003), S. 75-100.

Mock, Amanda. „Was du über Verschwörungstheorien wissen solltest“. In: quarks.de (blog), 17. Juni 2020. https://www.quarks.de/gesellschaft/psychologie/was-du-ueber-verschwoerungstheorien-wissen-solltest/.

Möller, Dietrich: „In memoriam Ilse Ritscher“. In: Polarforschung 65, Nr. 3 (1995), S. 145.

„‘Muss man wissen!’: Die krude Pseudowissenschaft des Dr. Axel Stoll“. In: News.de. https://www.news.de/panorama/855710113/

axel-stoll-und-rechte-verschwoerungstheorien-reichsflugscheibe-neuschwabenland-forum-nsl-und-arier-vom-aldebaran/1/ (zugegriffen 12. Februar 2022).

Neumann, Martin: Die Reichsdeutschen: Das Dritte Reich als dritte Supermacht auf Erden? – Eine Analyse vorliegender Fakten. o.O. 2015.

„Neuschwabenland". In: Psiram, 30. Juli 2014. http://www.psiram.com/de/index.php?title=Neuschwabenland&oldid=118519.

„Nicholas Christofilos". In: Wikipedia, 20. August 2022. https:// de.wikipedia.org/w/index.php?title=Nicholas_Christofilos&oldid=225488034.

„Nichts mit Selbstmord zu tun". In: Der Spiegel 4, Nr. 36 (1950), S. 21-22.

Niederhauser, Johannes. „Zu Besuch bei den Ufo-Esoterik-Nazis". In: Vice (blog), 1. August 2012. https://www.vice.com/de/article/nnkaz7/stuff-zu-besuch-bei-den-ufo-esoterik-nazis.

Nowotny, Ralf: „Geheime Nazi-Basis in der Antarktis? – Der Mythos Neuschwabenland". In: Mimikama, 10. Juni 2020. https://www.mimikama.at/aktuelles/neuschwabenland/.

„Oberleutnant zur See Otto Wermuth – German U-boat Commanders of WWII – The Men of the Kriegsmarine". In: uboat.net, https://uboat.net/men/commanders/1337.html (zugegriffen 10. Februar 2022.)

„Operation Argus". In: Wikipedia, 12. Januar 2021. https://de.wikipedia.org/w/index.php?title=Operation_Argus&oldid=207555318.

„Operation Tabarin". In: Wikipedia, 4. Juni 2020. https://de.wikipedia.org/w/index.php?title=Operation_Tabarin&oldid=200637866.

„Otto Wermuth", 1998. In: Uboat.net, https://uboat.net/men/commanders/1337.html.

Pfahl-Traughber, Armin: „Renaissance der antisemitisch-antifreimaurerischen Verschwörungstheorie in esoterisch-rechtsextremistischen Veröffentlichungen". In: Verschwörungstheorien: Theorie – Geschichte – Wirkung, S. 30-45. Quellen und Darstellungen zur europäischen Freimaurerei. Innsbruck: Studien-Verl., 2002.

„Reichsflugscheibe". In: Wikipedia, 20. November 2021. https://de.wikipedia.org/w/index.php?title=Reichsflugscheibe&oldid=217432953.

Reinboth, Christian: „Neuschwabenland: Hitlers Basis in der Antarktis als Beispiel für moderne Mythenbildung". In: Scienceblogs – Frischer Wind, 12. April 2010. https://scienceblogs.de/frischer-wind/2010/04/12/neuschwabenland-hitlers-basis-in-der-antarktis-als-beispiel-fur-moderne-mythenbildung/.

Riedl, Joachim: „Wiege der Nazi-Ufos". In: Die Zeit. 29. März 2012, Abschn. Wissen. https://www.zeit.de/2012/14/A-Nazi-Ufo.

Ritscher, Alfred: „Deutsche Schwabenland-Expedition". In: Polarforschung 21, Nr. 2 (1951), S. 115-118.

Ritscher, Alfred: „Vor 10 Jahren". In: Polarforschung 16, Nr. 1/2 (1948), S. 30-32.

Ritscher, Alfred: Wissenschaftliche und fliegerische Ergebnisse der Deutschen Antarktischen Expedition 1938/39. Band 1.1 Textteil. Deutsche Forschung – Schriften der Deutschen Forschungsgemeinschaft – Neue Folge, Bd. 3. Leipzig: Koehler & Amelang, 1942.

Ritscher, Alfred: Wissenschaftliche und fliegerische Ergebnisse der Deutschen Antarktischen Expedition 1938/39. Band 1.2 Bilder- und Kartenteil. Deutsche Forschung – Schriften der Deutschen Forschungsgemeinschaft – Neue Folge, Bd. 3. Leipzig: Koehler & Amelang, 1942.

Ritscher, Alfred: Wissenschaftliche und fliegerische Ergebnisse der Deutschen Antarktischen Expedition 1938/39. Band 2. Hamburg: Geographisch-Kartographische Anstalt Mundus, 1958.

Rothkugel, Klaus-Peter: Das Geheimnis der Flugscheiben aus Deutschland. 2. überarb. Ausg. o.O., 2014.

Ruthe, Kurt: „Die Auseinandersetzung um die Antarktis". In: Polarforschung 9, Nr. 1-2 (1948), S.19-20.

Ruthe, Kurt: „Die geographischen Entdeckungen von Admiral Byrds High-Jump Operation im Jahre 1946/47". In: Polarforschung 10, Nr. 1-2 (1947), S. 165-167.

„Sack AS-6". In: Wikipedia, 20. Mai 2022. https://de.wikipedia.org/w/index.php?title=Sack_AS-6&oldid=223020200.

Sandhäger, Henner, / Norbert Blindow. „Ice-Sheet Geometry in Western Neuschwabenland, Antarctica". In: Polarforschung 67, Nr. 1/2 (1997), S. 77-86.

Schmitt, Stefan: „Die Mär von Hitlers Festung im ewigen Eis". In: Der Spiegel, 5. April 2007. https://www.spiegel.de/wissenschaft/mensch/mythos-um-antarktische-nazi-zuflucht-die-maer-von-hitlers-festung-im-ewigen-eis-a-475772.html.

Schneider, Kawi: „Das Deutsche Reich vor dem Ende seines Versteckspiels 1945–2004“. PDF-Manuskript, 2000.

Schön, Heinz: Mythos Neu-Schwabenland: Für Hitler am Südpol. Selent: Bonus-Verl., 2004.

„Schräge Konstruktionen“. In: Öffemtliche Sicherheit, Nr. 7-8 (2015), S. 51.

Sexl, Roman U.: „Die Hohlwelttheorie“. In: Der mathematische und naturwissenschaftliche Unterricht 36, Nr. 8 (1983), S. 453-460.

„Sie fliegen aber doch“. In: Der Spiegel 1950, Nr. 13 (30. März 1950), S. 33-35.

Stäblein, Gerhard: „Historische Aspekte der deutschen geowissenschaftlichen Polarforschung“. In: Polarforschung 51, Nr. 2 (1981), S. 219-225.

Summerhayes, Colin / Peter Beeching. „Hitler's Antarctic Base: The Myth and the Reality“. In: Polar Record 43, Nr. 1 (16. Januar 2007), S. 1-21. https://doi.org/10.1017/S003224740600578X.

„The Coming Race“. In: Wikipedia, 30. Dezember 2021. https://de.wikipedia.org/w/index.php?title=The_Coming_Race&oldid=218624694.

Treitz, Klaus: „Inversion mit der Thermoskanne“. In: Der mathematische und naturwissenschaftliche Unterricht 52, Nr. 5 (1999), S. 270-273.

Treitz, Norbert. „Das Äußerste nach innen gewendet“. In: Spektrum der Wissenschaft, Nr. 2 (2008), S. 46-49.

Turtur, Claus W.: „Freie Energie für alle Menschen“. PDF-Manuskript. Wolfenbüttel, 30. August 2013.

„U 530“. In: Wikipedia, 25. Juli 2021. https://de.wikipedia.org/w/index.php?title=U_530&oldid=214194999.

„U 977“. In: Wikipedia, 16. Januar 2022. https://de.wikipedia.org/w/index.php?title=U_977&oldid=219235132.

„Über die Hitler-Gerüchte hat mein Vater nur geschmunzelt und gelacht“. In: Schwäbische Post, 27. Juli 2020. https://www.schwaebische-post.de/ostalb/aalen/stadt-aalen/ueber-die-hitler-geruechte-hat-mein-vater-nur-geschmunzelt-und-gelacht-90283268.html.

„U-boat Archive – U-530 – Interrogation Report“, http://www.uboatarchive.net/U-530A/U-530INT.htm (zugegriffen 10. Februar 2022).
„U-boat Archive – U-977 – Interrogation Report“, http://www.uboatarchive.net/U-977A/U-977INT.htm (zugegriffen 10. Februar 2022.).
Deutsches U-Boot-Museum. „U-Boote unter dem Eis“. http://dubm.de/u-boote-unter-dem-eis/ (zugegriffen 9. Februar 2022).
Vorbericht über die Deutsche Antarktische Expedition 1938/39. Beihefte zu den Annalen der Hydrographie und maritimen Meteorologie, 8/1939. Berlin: Mittler, 1939.
„Vril-Gesellschaft“. In: Wikipedia, 11. Juli 2021. https://de.wikipedia.org/w/index.php?title=Vril-Gesellschaft&oldid=213767782.
„Vril-Gesellschaft“. In: Psiram, https://www.psiram.com/de/index.php/Vril-Gesellschaft (zugegriffen 10. Februar 2022).
Sächsische Landeszentrale für politische Bildung. „Warum glauben Menschen an Verschwörungstheorien?“, https://www.slpb.de/themen/gesellschaft/verschwoerungstheorien/verstehen/warum-glauben-menschen-an-verschwoerungstheorien (zugegriffen 2. September 2022).
„Welcome to the 97th Infantry Division“. http://www.97thdivision.com/historyp1.html (Zugegriffen 9. Februar 2022).
Wichlacz, Lothar: „Antarktische Hitlerkolonie Neuschwabenland“. Modellbau Blog von Lothar Wichlacz, 2010. http://raus-aus-dem-bastelkeller.over-blog.de/pages/Antarktische_Hitlerkolonie_Neuschwabenland-988792.html.
Wissenschaftlicher Dienst des Bundestages: „Die Suche nach außerirdischem Leben und die Umsetzung der VN-Resolution A/33/426 zur Beobachtung unidentifizierter Flugobjekte und extraterrestischen Lebensformen“. Berlin, 2009.
Wolff, Eric / Ed Suttie / David Peel: „Antarctic Snow Record of Cadmium, Copper, and Zinc Content during the Twentieth Century“. In: Atmospheric Environment 33, Nr. 10 (1999), S. 1535-1541.
Ziegner, Carl: „Adolfs Elite aus der Antarktis: Bürger, kauft Vorräte!“ In: TAZ, 20. Juli 2008. https://taz.de/Adolfs-Elite-aus-der-Antarktis/!5178730/.

Abbildungsverzeichnis

Seite 12
Fotograf unbekannt – Nationaal Archief. Gemeinfrei, https://commons.wikimedia.org/w/index.php?curid=46910346.

Seite 15
Fair use, https://lv.wikipedia.org/w/index.php?curid=155462.

Seite 21
Fotograf unbekannt – 1938 von der Lufthansa ohne Angaben zum Urheber veröffentlicht. Gemeinfrei, https://commons.wikimedia.org/w/index.php?curid=5517073.

Seite 23
Herrmann, Ernst: Deutsche Forscher im Südpolarmeer: Bericht von der Deutschen Antarktischen Expedition 1938–1939 mit einem Geleitwort von Reichsmarschall Hermann Göring und einer Einführung des Leiters der Expedition Kapitän Ritscher. Berlin: Safari-Verl., 1941.

Seite 24
CC BY-SA 2.5, https://commons.wikimedia.org/w/index.php?curid=541431.

Seite 27
Samhanin. Eigenes Werk, gemeinfrei, https://commons.wikimedia.org/w/index.php?curid=66288549.

Seite 32
Naval History and Heritage Command from Washington, DC, USA. 2002-70-4 Commemorative Envelope, USN South Pole Expedition, CC BY 2.0, https://commons.wikimedia.org/w/index.php?curid=44733909.

Seite 34
U.S. Navy National Museum of Naval Aviation photo No. 1986.

056.001.393. Gemeinfrei, https://commons.wikimedia.org/w/index.php?curid=28832490.

Seite 36
U.S. Navy National Museum of Naval Aviation photo No. 1986. 056.001.489. Gemeinfrei, https://commons.wikimedia.org/w/index.php?curid=28832768.

Seite 38
Harris & Ewing, photographer. Library of CongressCatalog: https://www.loc.gov/pictures/item/2016860751/, gemeinfrei, https://commons.wikimedia.org/w/index.php?curid=66988507.

Seite 45, oben
James Marr. British Antarctic Survey Archives Service, https://www.bas.ac.uk/about/about-bas/history/operation-tabarin, Image reference BAS:AD6/19/1/A42/7, Public Domain, https://commons.wikimedia.org/w/index.php?curid=103000390.

Seite 45, unten
Ivan Mackenzie Lamb. British Antarctic Survey Archives Service, https://www.bas.ac.uk/about/about-bas/history/operation-tabarin, Image reference BAS:AD6/19/1/A119, Public Domain, https://commons.wikimedia.org/w/index.php?curid=103123329.

Seite 46
British Antarctic Survey Mapping and Geographic Information Centre, CC BY-SA 4.0, https://commons.wikimedia.org/w/index.php?curid=105511736.

Seite 50
Fotograf unbekannt – 75 Anniversary edition of La Capital newspaper, May 1980, S. 97, Public Domain, https://commons.wikimedia.org/w/index.php?curid=1036646.

Seite 54
Daniel Mesa. http://www.histarmar.com.ar/Antartida/BaseHitler-U530-U977.htm, Public Domain, https://commons.wikimedia.org/w/index.php?curid=7618719.

Seite 56
C. Durand Chapman, The Goddess of Atvatabar (1892). Gemeinfrei, https://commons.wikimedia.org/w/index.php?curid=5255478 2.

Seiten 65, 76, 81
Henrich, Frank: Flugscheiben. PDF-Manuskript. Ohne Ort, ohne Jahr.

Seite 82
John Martin. http://www.geocities.com/spirit_teachings/sphe-res.htm, gemeinfrei, https://commons.wikimedia.org/w/index.php?curid=1644380.

Seite 89
Morlighem, M. u.a.: Deep glacial troughs and stabilizing ridges unveiled beneath the margins of the Antarctic ice sheet. In: Nature Geoscience 13, 2020, S. 132-137, https://doi.org/10.1038/s41561-019-0510-8

Seite 92
U.S. Defense Nucelar Agency. U.S. Defense Nucelar Agency report Operation ARGUS 1958 (DNA 6039F), 1982, S. 62, gemeinfrei, https://commons.wikimedia.org/w/index.php?curid=25788488

Seite 93
U.S. Defense Nucelar Agency. U.S. Defense Nucelar Agency report Operation ARGUS 1958 (DNA 6039F), 1982, S. 67, gemeinfrei, https://commons.wikimedia.org/w/index.php?curid=25788555

Seite 94
https://commons.wikimedia.org/wiki/Category:Operation_Argus?uselang=de#/media/File:Ship_disposition_during_Argus_3_nuclear_test_1958.jpg

Alibri

Rolf Cantzen

Esoterische Biotope

Erleuchtungen in der Satsang-Szene nebst Besuchen bei Engeln und Einhörnern

ISBN 978-3-86569-295-5, 146 Seiten, kartoniert, Euro 10.-

Zur Satsang-Szene gehören im deutschsprachigen Raum etwa 200 spirituelle MeisterInnen – Tendenz steigend. Sie wollen den Menschen Advaita nahe bringen, ein Einheitserlebnis, einen Zustand jenseits des Denkens und Fühlens, voller Liebe, Harmonie, Frieden und Glück. Der Haken an der Sache: Dieser Zustand kann nicht gezielt herbeigeführt werden. Eine Voraussetzung ist die Abschaltung des „Mind", des Verstandes. Der Verstand beurteilt, kritisiert und erzeugt Zwiespalt. Er ist für alles Unglück verantwortlich ist. Er ist es auch, der den spirituellen Meister kritisiert ...
Rolf Cantzen berichtet aus den esoterischen Parallelwelten von nebenan und über die dort anzutreffende bunte Mischung verschiedenster religiöser Elemente. Er schreibt über Intellektuelle, die ihren Verstand überwinden wollen, über gechannelte Omas, Außerirdische und Engel, über spirituelle GmbHs und Aktiengesellschaften, verpatzte Krafttier-Suchen, über das Geister-Management energischer Hohepriesterinnen, darüber, dass man mit Einhörnern nur kuscheln darf (mehr nicht), und nicht zuletzt über das eigene spirituelle Scheitern.

Sebastian Bartoschek / Alexa Waschkau

Ghosthunting

Auf Spurensuche im Jenseits

ISBN 978-3-86569-173-6, 178 Seiten, kartoniert, Euro 14.-

„Ghosthunting" ist ein verbreitetes Phänomen, auch in Deutschland gibt es zahlreiche Gruppen, die es sich zur Aufgabe gemacht haben, „Geister" aufzuspüren, wenn berichtet wird, dass diese irgendwo ihr Unwesen treiben.
Sebastian Bartoschek und Alexa Waschkau stellen die Geschichte der Geisterjagd dar, analysieren Motivation und Intention der Geisterjäger und präsentieren natürliche Erklärungen für Spukphänomene. Exemplarisch wird eine „Paranormale Untersuchung" durchgeführt, mittels derer überprüft werden kann, ob ein Phänomen vorliegt, das den Erkenntnishorizont der Wissenschaft übersteigt. Daneben kommen in elf Interviews Ghosthunter selbst zu Wort.

André Sebastiani

Anthroposophie

Eine kurze Kritik

Reihe Kritikpunkt.e

ISBN 978-3-86569-122-4, 176 Seiten, kartoniert, Euro 10.-

Anthroposophische Einrichtungen, ob Waldorfschulen oder Demeter-Höfe, sind etablierter Bestandteil der Gesellschaft. Gleichwohl unterliegt ihre ideologische Grundlage, dargelegt in den zahlreichen Schriften Rudolf Steiners und seiner heutigen Anhänger, seit langem der Kritik.
André Sebastiani fasst die Kritikpunkte am anthroposophischen Lehrgebäude zusammen, untersucht ihren Einfluss auf die Politik und wirft einen Blick auf die sogenannten Praxisfelder, auf denen Anthroposophie sich gesellschaftlich niederschlägt: Pädagogik, Medizin und Landwirtschaft.

André Sebastiani, geboren 1977, lebt und arbeitet als Lehrer in Bremen. Er ist aktiv in der Skeptiker-Bewegung und gehört zu den Betreibern des *SchlauLicht*-Podcasts für Kinder (schlaulicht.info). Er hat sich in mehreren Veröffentlichungen kritisch mit der Waldorfpädagogik auseinandergesetzt.

Bernd Harder

Verschwörungstheorien

Ursachen – Gefahren – Strategien

Reihe Kritikpunkt.e

ISBN 978-3-86569-123-1, 165 Seiten, kartoniert, Euro 10.-

In „postfaktischen" Zeiten haben Verschwörungstheorien Konjunktur. Wenn im politischen und gesellschaftlichen Diskurs Tatsachen zur Nebensache werden, greifen Menschen verstärkt zu einfachen Erklärungen für vielschichtige Phänomene, suchen nach „Schuldigen" anstatt nach Ursachen.
Bernd Harder zeigt anhand weit verbreiteter Verschwörungstheorien, wie diese funktionieren, welche Bedürfnisse dabei bedient werden und warum es so schwierig ist, die Anhänger davon zu überzeugen, dass sie falsch liegen. Am Ende wissen wir, welche Fragen an eine Theorie oder einen Erklärungsansatz gestellt werden müssen, um entscheiden zu können, ob wir es mit berechtigter Kritik an vorherrschenden Auffassungen und Verhältnissen zu tun haben oder mit einer Verschwörungstheorie, die auf „alternativen Fakten" basiert und einer Überprüfung nicht standhält.